名家谈
润丰研究

魏礼群·主编

人民东方出版传媒
东方出版社

图书在版编目（CIP）数据

名家谈调查研究 / 魏礼群主编 . —北京：东方出版社，2023.8
ISBN 978-7-5207-3529-2

Ⅰ.①名… Ⅱ.①魏… Ⅲ.①调查研究 Ⅳ.① C31

中国国家版本馆 CIP 数据核字（2023）第 122363 号

名家谈调查研究
（MINGJIA TAN DIAOCHA YANJIU）

主　　编：	魏礼群
责任编辑：	何伟华
责任校对：	金学勇
出　　版：	东方出版社
发　　行：	人民东方出版传媒有限公司
地　　址：	北京市东城区朝阳门内大街 166 号
邮　　编：	100010
印　　刷：	三河市龙大印装有限公司
版　　次：	2023 年 8 月第 1 版
印　　次：	2023 年 8 月北京第 1 次印刷
开　　本：	710 毫米 ×1000 毫米　1/16
印　　张：	18
字　　数：	180 千字
书　　号：	ISBN 978-7-5207-3529-2
定　　价：	68.00 元
发行电话：	（010）85924663　85924644　85924641

版权所有，违者必究
如有印装质量问题，我社负责调换，请拨打电话：（010）85924725

目录 CONTENTS

序　言 1

第 一 辑
调查研究是我们党的传家宝

曲青山 ▎中共中央党史和文献研究院院长
调查研究是我们党的传家宝 3

魏礼群 ▎国务院研究室原主任、党组书记
怎样搞好调查研究 20

李忠杰 ▎中共党史学会副会长、原中央党史研究室副主任
弘扬寻乌调查传统，提高调查研究水平 35

陈　晋 ▎中共中央党史和文献研究院原院务委员
调查研究与中国道路 51

刘靖北 ▍ 华东师范大学—中国浦东干部学院中共党史党建研究院
院长、特聘教授

大兴调查研究要牢牢把握"五个必须坚持" **60**

许先春 ▍ 中共中央党史和文献研究院信息资料馆副馆长、一级巡视员

做好深入扎实的调查研究工作 **69**

蒋来用 ▍ 中国社会科学院大学教授、中国廉政研究中心秘书长、
社会学研究所廉政建设与社会评价研究室主任

调查研究重在听真话 **85**

第 二 辑

调查研究能力是做好工作的基本功

周文彰 ▍ 原国家行政学院副院长

调查研究能力是做好工作的基本功 **99**

刘应杰 ▍ 国务院研究室信息研究司原司长

关于调查研究问题 **104**

胡鞍钢 ▍ 清华大学国情研究院院长

没有调查就没有建言权 **145**

洪向华 ▌ 中共中央党校（国家行政学院）科研部副主任、教授

领导干部如何掌握调查研究基本功
——跟习近平总书记学习如何调查研究 152

崔禄春 ▌ 中共中央党校（国家行政学院）习近平新时代中国特色社会主义思想研究中心研究员

领导干部调查研究的基本功不能丢 167

廉　思 ▌ 共青团中央中国特色社会主义理论体系研究中心研究员

年轻干部怎样做好调查研究 178

第 三 辑
新时代如何做好调查研究工作

晓　山 ▌ 组工干部，教授

新时代领导干部调查研究方法 189

李雪勤 ▌ 中共中央纪律检查委员会研究室原主任

调查研究三问 200

江　宇 ▌ 国务院发展研究中心研究员、中国国际发展知识中心信息管理处副处长

怎样写好调研报告 206

吕德文 ▎武汉大学社会学院教授
以问题导向引领"调研方向" 229

张国玉 ▎中共中央党校（国家行政学院）党的建设教研部教授
蹲点调研依然管用 238

詹金灿 ▎湖北省人大常委会研究室副主任
"四不两直"做好调研工作 247

贾立政 ▎人民日报高级编辑、人民论坛杂志社原总编辑
互联网时代如何做好调查研究 266

序 言 PREFACE

一

调查研究是马克思主义世界观和方法论的集中体现，是我们党的一项重要领导制度和工作方法，贯穿我们党的百年奋斗史。从新民主主义革命到社会主义革命和建设的艰辛探索和伟大胜利，从改革开放和社会主义现代化建设的开拓奋进和伟大成就，到中国特色社会主义新时代取得的历史性成就和发生的历史性变革，都是我们党通过务实有效的调查研究，发现和坚持真理，检视和修正错误，作出科学正确决策的结果。重视和善于调查研究是我们党从弱小走向强大，不断创造辉煌胜利的"成功秘诀"、重要法宝。

我们党的主要领导人，毛泽东、邓小平、江泽民、胡锦涛等同志都高度注重调查研究工作，并身体力行、率先垂范。习近平总书记是我们党重视调查研究、善于调查研究的光辉典范。从习近平同志的从政经历看，他总是在深入调研的基础上认识、考虑问题和作决策——

在河北正定工作期间，他跑遍全县25个乡镇、221个村；在福建宁德，他到任3个月就走遍9个县；赴任浙江后，他用1年多时间跑遍全省90个县市区；在上海仅7个月，他到过全市19个区县；担任我们党的总书记以来，他的足迹更是遍布大江南北。2012年12月底，刚刚当选中共中央总书记不久的习近平同志顶风踏雪入太行，吹响脱贫攻坚的号角。此后，他先后7次主持召开中央扶贫工作座谈会、50多次深入贫困地区作调研，走遍了14个集中连片特困地区。"精准扶贫"战略，是他在湖南十八洞村调研时首次提出的；首次公开将"全面从严治党"与全面建成小康社会、全面深化改革、全面推进依法治国一并提出，是在江苏调研之时；"构建新发展格局"的战略选择，与在浙江调研时的考察密不可分⋯⋯

可以说，中国特色社会主义新时代的十多年来，习近平总书记正是在深入调研和深邃思考基础上，提出了一系列治国理政新理念新思想新战略，采取了一系列创新性重大举措，实现了一系列突破性进展，取得了一系列标志性成果。习近平总书记强调指出：调查研究是谋事之基、成事之道，没有调查就没有发言权，没有调查就没有决策权；正确的决策离不开调查研究，正确的贯彻落实同样也离不开调查研究；调查研究是获得真知灼见的源头活水，是做好工作的基本功；要在全党大兴调查研究之风。

二

2023年3月，中共中央办公厅印发了《关于在全党大兴调查研究的工作方案》（下称《方案》），深刻阐明新时代新征程上在全党大兴调查研究之风的重要意义、总体要求、调研内容、方法步骤和工作要求。《方案》是在我国迈上全面建设社会主义现代化国家新征程，在全面贯彻党的二十大精神开局之年，党中央对党员干部提出的明确要求，同时为党员干部做好调查研究工作提供了科学指引。

《方案》指出，当前，我国发展面临新的战略机遇、新的战略任务、新的战略阶段、新的战略要求、新的战略环境。世界百年未有之大变局加速演进，不确定、难预料因素增多，国内改革发展稳定面临不少深层次矛盾躲不开、绕不过，各种风险挑战、困难问题比以往更加严峻复杂。《方案》聚焦党和国家事业发展全局，紧扣人民群众急难愁盼和经济社会发展的实际，系统梳理了12个方面的重点问题、具体问题、老大难问题，要求直奔问题去，实行问题大梳理、难题大排查，着力打通贯彻执行中的堵点、淤点、难点。

为了贯彻落实好党中央关于大兴调查研究的部署和要求，提高领导干部调查研究的能力和本领，扎扎实实做好调查研究工作，给广大读者提供一些体验性、方法性交流，我们应出版社要求，选编了这本《名家谈调查研究》。

　　本书辑录文章的 20 位作者，大多具有丰富的调查研究的理论基础与实践经验，既有中央国家机关多年从事调查研究工作的领导干部，也有长期在基层工作、积累了调查研究经验的人员。文章涵盖面广，涉及为什么要大兴调查研究之风、怎样制定调研方案、怎样深入群众调研、怎样选择恰当的调研方法、怎样写好调研报告、怎样通过调研解决实际问题等方方面面，以至于怎样和群众说话交流，怎样分辨调研对象话语的真伪等，均有所涉猎。

　　本书主题鲜明、内容充实、见解独到，既有明确的问题导向，具有很强的现实针对性，又有可贵的现身说法，富有很好的应用指导性。阅读本书，如果能从文章作者们的调查研究认知和体验中，找到适合自己的思路和方法；同时，对调查研究提高认识、提升能力、把握基本功有所裨益，我们编选此书的初衷就达到了。在此，我们向调查研究的名家致敬，也对参与本书编选的各位领导和专家的赐稿支持表示感谢。

魏礼群

| 第 一 辑 |

调查研究是我们党的传家宝

曲青山

中共中央党史和文献研究院院长

调查研究是我们党的传家宝

在全党深入开展学习贯彻习近平新时代中国特色社会主义思想主题教育，是党中央为全面贯彻党的二十大精神、动员全党同志为完成党的中心任务而团结奋斗所作的重大部署，是深入推进新时代党的建设新的伟大工程的重大部署。在主题教育工作会议上，习近平总书记发表重要讲话，深刻阐述了开展主题教育的重大意义和目标要求，对主题教育各项工作作出全面部署，为全党开展主题教育提供了根本遵循。习近平总书记在讲话中强调，要

"按照党中央关于在全党大兴调查研究的工作方案","以深化调查研究推动解决发展难题"。调查研究是我们党的优良传统,是这次主题教育的重要内容,也是习近平总书记对全党同志的一贯要求。习近平总书记多次强调调查研究的极端重要性,指出:"调查研究是我们党的传家宝,是做好各项工作的基本功。"怎样认识这个传家宝、如何掌握这个基本功,是学习领会习近平总书记重要讲话精神、贯彻落实好党中央决策部署、深入开展主题教育的一个重要课题。

调查研究是马克思主义世界观和方法论的集中体现,是党的思想路线和群众路线的内在要求

马克思主义是我们立党立国、兴党强国的根本指导思想,辩证唯物主义和历史唯物主义是马克思主义的世界观和方法论。调查研究的极端重要性,首先要从马克思主义世界观和方法论的高度,从党的思想路线和群众路线的层面来深刻把握和认识。

调查研究是马克思主义认识论和党的思想路线的内在要求。习近平总书记指出,"实事求是是我们党的思想路线的重要内容","要了解实际,就要掌握调查研究这个基本功"。"一切从实际出发，理论联系实际，实事求是，在实践中检验真理和发展真理"，是我们党的思想路线，这是用中国化的语言对马克思主义世界观和方法论的高度概括，是马克思主义认识论的集中体现。

毛泽东对马克思主义认识论作过精辟阐释："通过实践而发现真理，又通过实践而证实真理和发展真理。从感性认识而能动地发展到理性认识，又从理性认识而能动地指导革命实践，改造主观世界和客观世界。实践、认识、再实践、再认识，这种形式，循环往复以至无穷，而实践和认识之每一循环的内容，都比较地进到了高一级的程度。这就是辩证唯物论的全部认识论，这就是辩证唯物论的知行统一观。"不论是"通过实践而发现真理"，还是"又通过实践而证实真理和发展真理"，都离不开对客观实际的深入调查和系统研究。之所以说调查研究是了解实际、做好各项工作的基本功，就是把马克思主义认识论运用于实际工作而得出的客观结论。

调查研究是马克思主义群众观点和党的群众路线的内在要求。习近平总书记指出："开展调查研究就是走群众路线。""一切为了群众，一切依靠群众，从群众中来，到群众中去，把党的正确主张变为群众的自觉行动"，是我们党的群众路线，这是党的性质宗旨的集中体现，是马克思主义群众观点的集中体现。

党的群众路线和党的思想路线是相辅相成的，二者在本质要求上是完全统一的。党的思想路线指明了认识世界和改造世界的过程，而这一过程必须通过"从群众中来，到群众中去"才能实现，也就是必须通过深入群众的调查研究才能实现。习近平总书记指出："党的理论是来自人民、为了人民、造福人民的理论，人民的创造性实践是理论创新的不竭源泉。"只有通过深入群众的调查研究，"真正把群众面临的问题发现出来，把群众的意见反映上来，把群众创造的经验总结出来"，才能获得正确反映客观规律的真理性认识，才能制定出符合客观规律的科学决策；也只有使这种真理性认识和科学决策为群众所掌握，才能"把党的正确主张变为群众的自觉行动"，从而实现改造世界的最终目的。

调查研究是推进党的理论创新和加强党的理论武装的内在要求。党的理论创新是一个从实践到认识、从物质到精神的辩证运动过程；党的理论武装是一个从认识到实践、从精神到物质的辩证运动过程。推进党的理论创新离不开调查研究，习近平新时代中国特色社会主义思想正是在新时代的伟大实践中应运而生的，是党和人民实践经验和集体智慧的结晶。只有始终坚持和不断加强调查研究，"使调研的过程成为加深对党的创新理论领悟的过程，成为保持同人民群众血肉联系的过程，成为推动事业发展的过程"，才能全面系统掌握习近平新时代中国特色社会主义思想的基本观点、科学体系，增进对党的创新理论的政治认同、思想认同、理论认同、情感认同，不断谱写马克思主义中国化时代化新篇章。

加强党的理论武装同样离不开调查研究，学习贯彻习近平新时代中国特色社会主义思想，最终目的全在于指导实践。只有把握好习近平新时代中国特色社会主义思想的世界观和方法论，坚持好、运用好贯穿其中的立场观点方法，在调查研究中自觉运用党的创新理论去指导，用"六个必须坚持"去思维，不断研究新情况、解决新问题、总结新经验、探索新规律，才能使习近平新时代中国特色社会主义思想成为改造主观世界和客观世界的强大思想武器。

调查研究是关系党和人民事业得失成败的大问题，是我们党的传家宝

历史和实践充分证明，什么时候全党重视调查研究，党和人民事业就顺利发展；什么时候轻视或忽视调查研究，党和人民事业就会遭到挫折、遭受损失。100多年来，从毛泽东提出"没有调查，没有发言权"的重大命题，到习近平总书记作出"调查研究是我们党的传家宝，是做好各项工作的基本功"的深刻论断，经过党的大力倡导和党的领导人的率先垂范，重视调查研究成为党的优良传统和作风，大兴调查研究成为我们党创造百年伟业的重要法宝。

调查研究是我们党创造新民主主义革命伟大成就的重要法宝。毛泽东开创了我们党重视调查研究之先风，他开展调查研究的过程，也正是把马克思主义基本原理同中国革命具体实际相结合的过程。作为《毛泽东选集》开卷篇的《中国社会各阶级的分析》，在调查研究基础上率先提出并回答了"谁是我们的敌人？谁是我们的朋友？"这一"革命的首要问题"。著名的《湖南农民运动考察报告》，是毛泽东亲自做了32天的实地调查后才写成的。毛泽东率领红军转战南北，每到一地总是挤出时间做社会调查，比如，著名的寻乌调查、兴国调查等。毛泽东对这些调研工作非常重视，他后来说，"作了寻乌调查，才弄清了富农与地主的问题，提出解决富农问题的办法"，"贫农与雇农的问题，是在兴国调查之后才弄清楚的"。

延安时期,毛泽东"痛感有周密研究中国事情和国际事情的必要",为"帮助同志们找一个研究问题的方法",他亲自把自己过去的调研文稿编成《农村调查》一书,并写了序言和跋,又代党中央起草了《关于调查研究的决定》。这个序言和《决定》,后来都被列为整风运动必读文件,使全党同志在整风中掌握了"没有调查就没有发言权"的真理,学会了开展调查研究的基本方法,使大兴调查研究在全党蔚然成风,这对于转变党的作风、加强党的建设、加速中国革命的胜利,起到了非常重要的作用。

调查研究是我们党创造社会主义革命和建设伟大成就的重要法宝。在这一时期,我们党开展过两次大规模的调查研究。一次是在 1956 年。为准备召开党的八大,毛泽东"在北京经过一个半月,每天谈一个部,找了三十四个部的同志谈话"。他每天一起床就开始听汇报,一听就是四五个小时,每天都是"床上地下,地下床上"。毛泽东召集的这些汇报会,周恩来几乎每次都来,刘少奇、邓小平、陈云等有时也来参加,这实际上成为中央主要领导成员的集体调研活动。这次调查研究的直接成果,形成了著名的《论十大关系》,这成为我们党探索适合中国国情的社会主义建设道路的开端，使毛泽东思想得到丰富和发展。

另一次大规模的调查研究是在20世纪60年代初。在我国遭受严重经济困难的时候，毛泽东强调，"没有调查研究是相当危险的"。他号召全党大兴调查研究之风，并提出要在1961年"搞个实事求是年"，使这一年"成为一个调查年"。毛泽东亲自组织了三个调查组，分赴浙江、湖南、广东进行农村调查。中央其他领导同志也全都深入基层，花了很多时间到第一线了解实际情况。在此基础上，党中央先后制定了"农业六十条""工业七十条"等一系列符合实际情况的具体政策，为落实国民经济调整的方针、克服严重的经济困难，创造了重要条件。

调查研究是我们党创造改革开放和社会主义现代化建设伟大成就的重要法宝。40多年前，我们党作出把党和国家工作中心转移到经济建设上来、实行改革开放的历史性决策，同样离不开一切从实际出发的调查研究。1978年9月，邓小平到东北地区视察，他一路看一路听汇报，"在东北三省到处说，要一心一意搞建设"，发出了"要迅速地坚决地把工作重点转移到经济建设上来"的先声。邓小平反复强调："实事求是是马克思主义的精髓。要提倡这个，不要提倡本本。我们改革开放的成功，不是靠本本，而是靠实践，靠实事求是。"这本身就包含了对调查研究极端重要性的深刻把握。

以江泽民同志为主要代表的中国共产党人和以胡锦涛同志为主要代表的中国共产党人都非常重视调查研究。江泽民指出，马克思主义基本原理同中国具体实际的结合，"始终是以调查研究为前提、为依据的"。他要求县以上各级领导同志，尤其是主要负责同志，"每年至少抽出一两个月的时间，深入基层调查研究"。胡锦涛指出，调查研究是"增强做好工作的自觉性、主动性的重要途径"，强调要通过深入调研"不断把握科学发展的主动权"。改革开放和社会主义现代化建设事业，正是在坚持和加强调查研究中一步步向前推进的。

调查研究是我们党创造新时代中国特色社会主义伟大成就的重要法宝。党的十八大以来，以习近平同志为核心的党中央高度重视调查研究工作，习近平总书记对此作出一系列重要论述和指示批示，强调指出，调查研究是谋事之基、成事之道，没有调查就没有发言权，没有调查就没有决策权；正确的决策离不开调查研究，正确的贯彻落实同样也离不开调查研究；调查研究是获得真知灼见的源头活水，是做好工作的基本功；要在全党大兴调查研究之风。从党的群众路线教育实践活动到"三严三实"专题教育，从"两学一做"学习教育到"不忘初心、牢记使命"主题教育，从党史学习教育到这次学习贯彻习近平新时代中国特色社会主义思想主题教育，每一次党内学习教育都对调查研究提出明确要求，调查研究也都成为党内学习教育的重要内容。

习近平总书记是这样要求全党的，更是身体力行、率先垂范，为全党树立了光辉典范。党的十八大以来，总书记聚焦重大战略、重大决策，深入基层、深入群众，调研的脚步走遍了祖国的大江南北。习近平总书记说过："我提出精准扶贫战略，就是在深入调查研究的基础上提出来的。"他先后7次主持召开中央扶贫工作座谈会，50多次调研扶贫工作，走遍了14个集中连片特困地区，而且年年去、常常去，最终带领全党全国各族人民打赢了脱贫攻坚战。构建新发展格局这一重大战略任务，也是习近平总书记在深入调查研究后提出来的。他曾谈起新发展格局的提出过程："我在浙江考察时发现，在疫情冲击下全球产业链供应链发生局部断裂，直接影响到我国国内经济循环。当地不少企业需要的国外原材料进不来、海外人员来不了、货物出不去，不得不停工停产。我感觉到，现在的形势已经很不一样了，大进大出的环境条件已经变化，必须根据新的形势提出引领发展的新思路。"在这次浙江考察返京后不久，2020年4月10日，习近平总书记就在中央财经委员会第七次会议上提出，要"构建以国内大循环为主体、国内国际双循环相互促进的新发展格局"。可以说，新时代采取的一系列战略性举措，推进的一系列变革性实践，实现的一系列突破性进展，取得的一系列标志性成果，无不凝结着习近平总书记一次又一次带头调查研究付出的心血和获得的智慧。

调查研究是主题教育的重要内容，是做好各项工作的基本功

在这次主题教育启动之际，党中央决定，在全党大兴调查研究，作为主题教育的重要内容。习近平总书记强调："这次主题教育不划阶段、不分环节，要把理论学习、调查研究、推动发展、检视整改等贯通起来，有机融合、一体推进。"要求我们"按照党中央关于在全党大兴调查研究的工作方案，组织广大党员、干部特别是各级领导干部扑下身子、沉到一线，深入农村、社区、企业、医院、学校、'两新'组织等基层单位，把脉问诊、解剖麻雀，进行问题梳理、难题排查，运用党的创新理论研究新情况、解决新问题"。掌握好调查研究这项基本功，是贯彻落实好习近平总书记重要讲话精神、开展好主题教育的一个重要内容。

调查研究必须坚持问题导向和目标导向。习近平总书记指出，"要教育引导各级党组织和广大党员、干部突出问题导向"，"把问题整改贯穿主题教育始终"。毛泽东曾形象地说："调查就像'十月怀胎'，解决问题就像'一朝分娩'。调查就是解决问题。"这就要求我们必须把解决实际问题作为调查研究的出发点和落脚点。问题是时代的口号、时代的声音，每个时代总有属于它自己的问题。当前，世界百年未有之大变局加速演进，不确定、难预料因素增多，国内改革发展稳定面临不少深层次矛盾躲不开、绕不过，各种风险挑战、困难问题比以往更加严峻复杂。开展调查研究，必须聚焦实践遇到的新问题、改革发展稳定存在的深层次问题、人民群众急难愁盼问题、国际变局中的重大问题、党的建设面临的突出问题，特别是聚焦这次主题教育要着力解决的6个方面的问题、《关于在全党大兴调查研究的工作方案》列出的12个方面的重点问题，不断提出真正解决问题的新理念新思路新办法。

习近平总书记强调，"这次主题教育要牢牢把握'学思想、强党性、重实践、建新功'的总要求"，"根本任务是坚持学思用贯通、知信行统一，把新时代中国特色社会主义思想转化为坚定理想、锤炼党性和指导实践、推动工作的强大力量，使全党始终保持统一的思想、坚定的意志、协调的行动、强大的战斗力，努力在以学铸魂、以学增智、以学正风、以学促干方面取得实实在在的成效"，并明确提出五个方面的具体目标。一个总要求、一个根本任务、五个具体目标，就是这次主题教育的目标要求。坚持目标导向，就是要在主题教育的全过程，始终对标对表习近平总书记提出的目标要求，深入开展事关全局的战略性调研、破解复杂难题的对策性调研、新时代新情况的前瞻性调研、重大工作项目的跟踪性调研、典型案例的解剖式调研、推动落实的督查式调研，推动主题教育取得实实在在的成效。

调查研究必须坚持正确态度和科学方法。态度和方法直接决定了调查研究的成效。开展调查研究的正确态度，最重要的是两条：一是实事求是，二是"眼睛向下"。实事求是的态度，就是坚持党的思想路线，"坚守党性原则，一切从实际出发，理论联系实际，听真话、察实情，坚持真理、修正错误，有一是一、有二是二，既报喜又报忧，不唯书、不唯上、只唯实"，真正把功夫下到出实招、办实事、求实效上。所谓"眼睛向下"，就是坚持党的群众路线，以满腔热忱自觉问计于民、问需于民。毛泽东指出，要做好调查研究，"第一是眼睛向下，不要只是昂首望天。没有眼睛向下的兴趣和决心，是一辈子也不会真正懂得中国的事情的"。习近平总书记强调，"要拜人民为师，向人民学习，放下架子、扑下身子，接地气、通下情，'身入'更要'心至'"，要"抓住老百姓最急最忧最怨的问题，解决好群众最关心最直接最现实的利益问题"。这样的态度，才是开展调查研究正确的态度。

我们党在长期实践中积累了很多行之有效的调研方法，在新的形势下，我们需要继承并发扬光大。调查研究包括调查和研究两个环节。在调查环节，要善于抓住典型。毛泽东曾把调查研究比喻为解剖麻雀。他说，"调查有两种方法，一种是走马看花，一种是下马看花。走马看花，不深入，因为有那么多的花嘛"，所以"还必须用第二种方法，就是下马看花，过细看花，分析一朵'花'，解剖一个'麻雀'"，"麻雀虽然很多，不需要分析每个麻雀，解剖一两个就够了"。这讲的就是典型的价值。要抓好典型，就必须做到习近平总书记所要求的，"既到工作局面好和先进的地方去总结经验，又到群众意见多的地方去，到工作做得差的地方去，到困难较多、情况复杂、矛盾尖锐的地方去调查研究"。在研究环节，要善于把握规律。对于取得的调查材料，要进行一番分析和综合的工作，把零散的认识系统化，把粗浅的认识深刻化，直至找到事物的本质和规律，找到解决问题的正确办法。我们党长期使用的解剖麻雀、蹲点调研、开调查会等传统调研方式，在新时代依然是管用的，依然应该坚持。同时，也要适应当今社会发展的特点，拓展调研渠道、丰富调研手段、创新调研方式。要坚持因地制宜，综合运用座谈访谈、随机走访、问卷调查、专家调查、抽样调查、统计分析等方式，充分运用互联网、大数据等现代信息技术，提高调查研究的科学性和实效性。

调查研究必须坚持常态化和制度化。实践发展永无止境，调查研究也永无止境。毛泽东说过，"事物是运动的，变化着的，进步着的。因此，我们的调查，也是长期的。今天需要我们调查，将来我们的儿子、孙子，也要作调查""一万年还是要进行调查研究工作"。当前，我国发展正处在新的历史方位，国内国际环境变化深刻复杂，改革发展稳定任务千头万绪，我们在认识世界和改造世界中面临着新的考验。这要求我们必须善于不断重新学习，善于不断开展新的调查研究。

要做到调查研究常态化，建立和完善调查研究制度是关键。习近平总书记对调查研究常态化制度化提出了明确要求，党章党规党纪对调查研究作出了明确规定。《中国共产党章程》规定，党的各级领导干部必须具备的一项基本条件是："坚持解放思想，实事求是，与时俱进，开拓创新，认真调查研究，能够把党的方针、政策同本地区、本部门的实际相结合，卓有成效地开展工作，讲实话，办实事，求实效。"《关于新形势下党内政治生活的若干准则》规定："坚持领导干部调查研究、定期接待群众来访、同干部群众谈心、群众满意度测评等制度。""中央委员会、中央政治局、中央政治局常务委员会和党的各级委员会作出重大决策部署，必须深入开展调查研究，广泛听取各方面意见和建议，凝聚智慧和力量，做到科学决策、民主决策、依法决策。"中央八项规定更是在第一条就对改进调查研究提出了要求。可见，开展调查研究，不仅是我们党思想路线和群众路线的内在要求，也是全面从严治党、依规治党的重要任务，是全党同志特别是各级领导干部肩负的一项政治责任。

2023年是全面贯彻党的二十大精神的开局之年，我国发展面临新的战略机遇、新的战略任务、新的战略阶段、新的战略要求、新的战略环境。在全党深入开展学习贯彻习近平新时代中国特色社会主义思想主题教育，大兴调查研究，必将教育全党同志进一步深刻领悟"两个确立"的决定性意义，增强"四个意识"、坚定"四个自信"、做到"两个维护"，为实现强国建设、民族复兴的宏伟目标注入强大动力。

（摘编自《求是》2023年第8期）

魏礼群

国务院研究室原主任、党组书记

怎样搞好调查研究

搞好调查研究取决于多方面的因素，包括要有正确的指导思想、原则，要有正确的调研方式、方法。我想讲以下六个方面。

第一，明确要求。我们各级各类机构都要调查研究，各个领导干部、各个方面、各个部门都要搞调查研究，但不同工作性质和机构对调查研究的要求是不一样的。从领导机关研究部门的工作性质和职能看，调查研究工作要注意把握好以下六个特点：

一是政策性。领导机关研究部门调研的目的，是要为领导机关和领导同志作决策提供情况和建议。调查研究质量高低关键要看我们有多少调研成果进入了决策、变成了政策，以及这些决策和政策在实际工作中发挥了什么样的作用。可以说，政策性是领导机关研究部门做调查研究最基本的特征，它和一般科研机构、大专院校的调查研究是有区别的。

二是针对性。领导机关工作千头万绪，有许多问题需要解决，我们的调查研究必须围绕中心工作和领导决策的需要，着力调查研究重点难点热点问题，这样才能有的放矢。也就是说，我们的调研工作要聚焦问题，忙在点子上，谋在关键处，才能富有成效，做到事半功倍。如果脱离中心工作，远离决策需要，调研效果必然会大打折扣。

三是应用性。领导机关研究部门的调研工作，既不是纯粹的学术理论探讨，也有别于具体的工作部署，它是介于两者之间的应用性研究，尤其强调"研以致用"。古人云："文可载道，以用为贵。"具体说，我们的调研为领导机关提供工作思路、政策依据，有效解决社会经济生活的实际问题。根据我们的工作定位、性质，这个应用性是为中央决策提供政策依据，此其一。其二，调研的成果还应用于起草文件和领导讲话，有的是直接应用于决策。我认为，有很多就是在起草重要文件和讲话中，吸纳我们的调研成果。一些好的思想火花、生动事例，在起草文件和讲话中就可以直接运用，并能发挥很好的作用。

四是前瞻性。领导决策往往事关全局、影响深远，特别是一些重大决策更是如此，作出这样的决策首先要有预见性。这个预见性就是要有全球眼光和战略思维，立足当前，着眼长远；面向世界，把握未来。所以，调查研究工作要提前做，特别是要看到大势所趋，发现苗头性、倾向性问题，这样才能在起草文稿中加以应用。

五是操作性。领导机关研究部门提出的对策建议，必须做到思路清晰、观点正确、措施具体，千万不能笼而统之、含糊其词、空发议论。我们的对策建议不能光看它的科学性，还要看它的应用性。调研成果的操作价值是非常重要的。虽然有的是科学的东西，但可能要经过相当长的时期才能发挥作用，或者说操作性不强，决策时很难采纳。调查研究必须脚踏实地，提出的对策措施必须切实可行，应充分考虑需要和可能。有些对策建议，看似很正确，却是"空中楼阁"，中看不中用，因无实际操作可能，只能成为书柜之物。

六是时效性。领导机关调查研究往往是围绕中心任务，是领导同志关注的重要问题和紧迫问题，对这些问题必须快速反应，集中力量，及时调研，尽快提出相关的对策建议。"文当其时，一字千金。"倘若时过境迁，领导的注意力转移了，工作重点已经转变了，才慢腾腾拿出调研成果，这时调研成果无论写得多么正确、多么全面，发挥的作用也要大打折扣，因为决策已经过去了。所以，对多数调研成果而言，时机因素是至关重要的。调查研究及其成果报送时机是非常重要的，这是我的一个经验之谈。

只有把握领导机关调查研究这些特点，我们的调查研究才会更加富有成效。

第二，善于选题。调查研究的选题是至关重要的。有一个好题目，就成功了一半。选好题目可以事半功倍，选不好题目可能劳而无功。

调研题目怎么选？领导机关的调研题目，往往是领导人提出来的。我在国务院机关工作的时候，不少题目都是领导同志提出的。重大的问题往往都是领导提出来的，我们必须全力以赴。但是作为领导机关，很多题目需要我们自己来选，参谋不可能是领导说什么就做什么，领导给任务、出题目是一个方面，我们也要发挥主观能动性，自己选题目，为领导当参谋、当助手，这是一个很重要的职责。我认为，选择题目有两个基本点要把握：一个是必须贴近党和国家的中心任务，贴近领导的决策需求，也可以说是需求导向。如果选的题目离开中心任务，离开领导需要，题目再好也不起作用。另一个基本点是要聚焦问题，以强烈的问题意识，精准选题，也可以叫作问题导向。"问题是时代的声音"，我们要善于发现问题、选准问题。进一步说，我们选题目要重点考虑以下两个因素：

一是要考虑国内外大势走向，及其带来或可能带来的新情况新问题，需要做前瞻性、战略性、政策性研究。比如，2014年我们搞了大数据战略研究，这是在全面了解和分析世界上主要国家对大数据技术研究和应用的基础上，提出的具有前瞻性的战略性对策建议，上报党中央领导之后，立即受到高度重视，作出重要批示，推动了相关工作。这说明，我们的调研要把握世界大势，题目选对了，调研的成果就会得到运用，进入决策。

二是选题要把握改革发展实践中的突出问题和需要着力研究解决的问题。我从领导岗位退下来后，选了一个研究题目，是关于干部人事制度改革的问题。前些年，各方面对组织人事制度很有意见，认为很多是形式主义的东西，尽管有很多花样，但效果并不好。这个问题，我当面向中央领导汇报过。包括干部的年龄层层递减，县一级的50岁就开始考虑退到二线去了，这是当时的一个普遍现象。这是对人才的极大浪费。我们国家最缺的是人才，最大的浪费也是人才。在不少地方，所谓的民主推荐，进行票决制，完全是走形式，让你上，就说你的票够；不让你上，就说你的票不够。这个票的结构很复杂，就看让哪些人来投票。你的人际关系怎么样，很决定问题。我的这个调研报告，中央领导同志作出批示，说调研报告是下了功夫的，很有针对性，让有关部门制定相关文件吸收。比如，要对领导干部实行官邸制。在中央作出规定文件出台之前，我就组织人员搞了个调研课题，结果有关建议就被采纳了。2015年，我组织一些人进行调研，撰写了关于社会科学研究经费管理办法改革势在必行的报告。我们在报告中提出，目前的科研经费管理办法，如果不改革，会严重挫伤科研人员的积极性；如果不改革，就会产生腐败分子。中央领导同志高度重视，让国务院有关部门研究，之后出台的科研管理改革办法，我们提出的很多建议措施都吸收进去了。所以，调研工作抓题目很重要，要抓住那些人民群众反映强烈的问题深入调研。

另外，选题要避免一般化，注重轻重缓急、分清主次、突出重点。选择调研题目，有时候是决策前，有时候是决策后，不是说决策了、定了的事就不去调研了。决策正不正确，符不符合实际，效果如何，要靠实践检验，实践中会出现一些新情况新问题，所以要继续调研，为执行决策和完善决策服务。

第三，深入调查。最重要的是在求真求实上下功夫，把事情的真相全貌搞清楚、把事情的本质和规律搞清楚，把握事实的客观性，不能搞主观臆断。有些人在调查研究工作中有一个很大的问题，就是带着自己的结论去找材料、去调研，那等于是验证，而不是在调查事实之后提出思路和结论。当然，通过调查对结论进行验证，不是不可以，但通常是调查之后得出结论。列宁说："如果从事实的整体上、从它们的联系中去掌握事实，那么，事实不仅是'顽强的东西'，而且是绝对确凿的证据。如果不是从整体上、不是从联系中去掌握事实，如果事实是零碎的和随意挑出来的，那么它们就只能是一种儿戏，或者连儿戏也不如。"调查研究工作要充分反映社会现象和客观事物的方方面面，做到局部和整体相结合、现实和历史相结合、动态和静态相结合、正面和反面相结合，要注意克服片面性，防止走极端。

要搞好调查，我体会有以下两点需要注意：

一是调查一定要深入扎实。深入实际、深入基层、深入实践活动中去，正如毛泽东强调的"不入虎穴，焉得虎子"。这样才能得到第一手材料，掌握真实情况。深入基层说起来容易，做起来不是那么容易，要有不怕吃苦的精神，有的时候甚至不能怕冒风险。在2002年我国药品市场非常混乱的时候，我决定搞一次深入市场调研活动，确定了一个题目，让我们研究室综合司人员深入到安徽，搞明察暗访，三个人组成一个调研组深入药品市场，把当时药品市场的混乱情况摸得一清二楚。发现药品市场"一顶帽子大家戴"，到处都是药品有限责任公司，买卖药品都不开发票，结账都给现钱。此外，还发现地方保护主义严重。回来后，写了一个调研报告给国务院领导同志，为在全国开展整顿和规范市场秩序提供了重要依据。可以说，深入开展整顿和规范市场秩序最早是国务院研究室调查研究后提出来的。这个调查研究就进入了国家的决策。

二是调查必须深入群众。调查研究要善于听取群众的意见，要有追求真理、修正错误的勇气。要搞好调查，还要注意创新方法。在实践中，我们积累了许多行之有效的调研方法，如召开调查会、研讨会、走访调查、蹲点调查、典型调查、实地考察等。这些方法具有感受直接、体验深刻、互动性强、人情味重等优点，应继续坚持。但必须在此基础上，适应经济社会发展变化的新情况，拓展调研渠道，创新调研方式，特别要积极运用统计调查、问卷调查、抽样调查、网络调查等现代调查方法，提高调查的效率和质量。现在，互联网、大数据等现代信息技术高度发达，要充分利用现代信息技术和手段进行资料的收集、整理和加工，为调研乃至决策提供快捷、全面、翔实的信息资料。现在搞问卷调查比较通用，我也亲自搞了几次，国家行政学院举办司局长级干部培训班，我就在司局长中搞问卷调查，看来还是非常有效的。此外，调查研究既是科学，也是艺术。搞好调研工作，必须在实践中做有心人，不断积累经验、丰富技巧、提高能力。比如，调查的提问方式就有多种，或开门见山，直来直去；或投石问路，先做试探；或竹笋剥皮，层层深入；或枯井打水，一竿到底；或耐心开导，循循善诱；或旁敲侧击，弦外听音。在 2003 年 10 月 24 日，我陪同时任国务院总理温家宝到重庆云阳县调研，路过一个村子，温家宝总理临时告诉司机停车，下车去看一看，了解村民有什么困难、有什么问题。这样做，事先谁都不知道，连村干部都没告诉。温家宝同志去看一看老百姓的房子、菜园子和饲养小猪的情况，还找了几个村民进行座谈。刚开始，怎么问他们，回答就一个：很好，没有问题。温家宝同志说，你们几位省里的领导都出去吧，只留下我们两三个人。这时一位叫熊德明的女同志才腼腆地小声说：丈夫在外打工，包工头拖欠的工钱要了一年都没给。温家宝同志问有多少钱？回答说有两千多元。温家宝同志当即表示要让有关人员把拖欠的工钱还给她，当晚11时，熊德明和丈夫就收到拖欠的2240元工资。这就是当时社会广为流传、影响深远的温家宝为农民工讨欠薪的佳话。这件事说明，调研技巧、时机和方式方法很重要，老百姓一般不愿意给当地干部讲问题，调研的时候最好不要让当地领导陪同。

第四，精心研究。调查和研究虽然是密切联系的，但是调查并不是研究，必须在掌握事实情况之后精心地去研究。这是一个很重要的环节。要对调查得到的材料，加以科学分析和综合研究。观察、分析与综合，是认识客观事物的一般过程和步骤。观察是调查的第一步，这是感性认识阶段，必须对掌握的材料进行加工，才能上升到理性认识。分析是进行加工的重要一步，就是把复杂的事物分解为几个组成部分，然后分别加以研究。研究是调查的升华，是由感性认识上升为理性认识的过程。不调查而研究，是无米之炊；只调查不研究，则是食而不化。调查以"求实"，研究以"求是"，只有把调查与研究、"求实"与"求是"有机结合，在"求实"的基础上"求是"，在"求是"的思维中"求实"，才能正确认识事物的本质和规律性，把握事物的发展趋势。2004年，在国务院研究工作时我们按照国务院领导批示，组织对解决农民工问题的调研，先做了大量的社会调查，然后在研究问题上下了狠功夫。我们组织了有党中央、国务院17个部门参加，8个农民工输出输入大省的有关领导和5位专家参加调查，收到了32份地方调研报告和11份中央部门报告，在掌握大量事实的基础上，我们又深入到农民工工作的企业、农民工市场、农民工家庭，掌握了第一手材料。但是，仅有大量的材料和现象还不行，对农民工问题怎么看、怎么办？我们又根据农民工收入偏低、生活困难，农民工的权益得不到保障，农民工的社会保障不健全，农民工本身的文化素质低，以及对农民工的各种服务、土地流转怎么办等，通过从多方面运用分析与综合、归纳与演绎、具体与抽象的办法，以及比较、分类、统计、想象等手段，对调查中掌握的丰富材料加以科学分析，去粗取精、去伪存真、由此及彼、由表及里地思考，把握事物的本质，找出规律性和普遍性的东西，包括对"农民工"这个概念的定义都提出了意见。当时，对"农民工"的定义就有分歧。有的说，叫"农民工"是对这个群体的歧视，是歧视农民和农民工，他在城市务工不就是工人吗？为什么还要叫农民工呢？党中央和国务院文件也是不断演变的过程，原来没提农民工，只称为进城务工人员，但务工人员的内涵不是太清晰，后来提农民工人，但又是农民又是工人也不太清楚，最后研究认为，在没有更准确的概念取代之前，还是简称农民工为好。农民工就是特指进城务工的群体，在农村还有承包地，还没有脱离农村，如有困难还可以回农村去，同时他们又是产业工人。没有更好的概念去代替，只好用约定俗成的概念，对农民工权益保护、社会保障、子女上学、就业、公共服务等采取一些政策保障措施。所以说，调查来的材料要经过深入研究，才能够起到调查研究的目的。这方面的例子还有很多，比如，西部大开发、东北振兴、中部崛起等大的区域发展战略，都是通过大量的调查研究为中央决策提供依据的。

第五，睿智谋策。谋策，就是谋划对策，政策研究不是一般的研究，要为领导决策、为制定政策提出有价值的建议，多谋良策。要对症下药，注重实用，具有可操作性。举一个例子，2003年初非典肆虐的时候，突如其来，社会上都不知道怎么回事，出现恐慌情绪，当时要防止非典向农村转移。怎么办？我们组织研究室农村司人员深入农村，听听农民建议，到农村和城市的交界处进行调查研究，提出严防非典向农村转移的调研报告。国务院领导同志马上就作了批示，第三天就召开全国电视电话会议，部署防止非典向农村转移的问题。当然，提出结论性意见，是需要勇气的，要敢于出主意、出大主意。出主意要秉持创新思维、辩证思维和战略思维，真正做到不唯书、不唯上、只唯实，不人云亦云，不随声附和，要根据我们掌握的情况，提出正确的对策建议和工作方案。

第六，认真撰写。调研报告是调研工作的最终成果，撰写好调研报告是提高调研质量的关键环节，也是最后环节。无论调查多么深入、研究多么精心，如果调研报告写得不好，仍然达不到预期目的，拿不出精品成果。调查、研究、谋策都很好，但调研报告写不好，就会影响调查研究的效果。我从国务院研究室到国家行政学院工作不久，就遇到过这样一件事。国家行政学院一位院领导向国务院总理报送了一个调研报告，事先没给我看就报给总理办公室了。总理秘书给我打电话说，学院送来的报告，里面有些思想火花，有的建议有可取之处，但写得太长，将近一万字，看了三遍才看出点闪光的东西来，不便送给领导看，请帮助改一改。之后，我对这个报告基本上是重新写了，由原来的近一万字改为三千字。报送上去以后，受到国务院领导的重视。我在学院工作三年半时间，给党中央、国务院报送的调研报告460多件，领导批示的有250多件，达一半以上，绝大多数报告都是经过我亲自修改的。我深切体会到，写好调研报告非常重要，不然就前功尽弃。搞那么多调查、那么多研究，如果写不好调研报告，要么是不能送领导，要么是领导不愿看。高层领导确实没那么多精力和时间看长文章。我认为，写好调研报告，一是要搞好谋篇布局。要突出主题主线，观点鲜明，重点突出，单刀直入，不要搞弯弯绕，搞成学术报告，从开天辟地讲起。二是表现形式要多样化。调研报告的形式取决内容，不要千篇一律，不要把所有的调研报告都写成一样的东西。要根据反映的主题，怎么能够表达得更清晰就怎么写，可以不拘一格。三是文字表达要精练。写调研报告不要搞过多的雕饰，更不应刻意追求深奥，要善于提炼、概括，当然，也不能过于平淡或套话连篇，而要准确、鲜明、生动、朴实。四是要反复修改提炼。好的调研报告是不断修改出来的。反复修改的过程，是思路不断清晰、分析不断深入、认识不断升华、对策不断完善的过程，也是文字精雕细刻而臻于完美的过程。要想打造精品，就要不厌其烦地修改。清代书画家郑板桥有句名言："删繁就简三秋树，领异标新二月花。"要竭力将一些赘言套话删掉，努力做到"丰而不余一言，约而不失一辞"，使文章主题和新观点、新思想更加突出。我在国务院研究室、国家行政学院工作期间给领导的阅件和报告，一般不超过3000字，重要的也不超过5000字。

选题、调查、研究、谋策和撰写是相互联系的统一过程。在这个过程中，每个阶段虽各有侧重，但不可分割，都不可偏废。作为政策研究和决策咨询机构，只有把握好这些环节，调查研究才能出精品力作，也才能当好领导者的参谋助手。

（摘编自《理论学习与探索》2022年第3期，本文系作者2016年9月3日作的学术报告）

李忠杰

中共党史学会副会长、原中央党史研究室副主任

弘扬寻乌调查传统，提高调查研究水平

调查研究是中国共产党的优良传统。在新民主主义革命时期，我们党组织开展了一系列调查研究，深化了对中国国情的认识。特别是毛泽东所作的调查，堪称调查研究的典范。其中的寻乌调查，内容广泛，调查深入，在中国共产党和毛泽东的调查研究史上占有重要的地位。

新时代新征程上，为深入学习贯彻习近平新时代中国特色社

会主义思想，全面贯彻落实党的二十大精神，党中央决定在全党大兴调查研究，作为在全党开展的主题教育的重要内容，推动全面建设社会主义现代化国家开好局起好步。在开展新一轮调查研究的时候，重温寻乌调查的历史和经验，对于我们发扬调查研究的优良传统，并结合当代中国的实际，进一步提高调查研究的水平，更加全面真实地认识我们面临的实际问题，更加准确有效地找到破解各种难题的办法和路径，具有特殊的意义。

一、正确认识国情是制定一切路线方针政策的基础

中国共产党是在近代以来社会矛盾运动的基础上产生的。早期共产党人对中国的国情进行了初步的分析和研究，完成了建党的任务。但年幼的中国共产党对国情的认识还不够深入。对未来的构想和道路的选择主要还是从书本上和苏俄学来的，因此，如何真正全面、科学、准确地认识中国国情，并据以制定革命的道路、路线、战略和方针政策，一直是摆在中国共产党面前的重大任务。

中共一大制定的党纲，虽然举起了马克思主义的旗帜，但基本上依据书本和苏俄的模式，把解决无产阶级与资产阶级的矛盾

作为中国共产党的根本任务，这与当时的中国国情是有距离的。到1922年，党的二大根据共产国际二大精神和对中国经济政治状况的考察分析，深入解析中国社会半殖民地半封建的性质，把党的纲领区分为最高纲领和最低纲领，从而明确提出了以打倒军阀、打倒列强为主要内容的反帝反封建的民主革命纲领。这是把马克思主义与中国实际相结合的第一个重要成果。

此后，中国共产党在认识中国国情的道路上走过了曲折的历程。一方面，中国共产党加强对中国社会的研究，对中国经济关系、政治关系的研究，许多共产党人深入工厂、矿山、农村，进行不同形式的调查研究。另一方面，由于中国共产党正式加入共产国际，必须听从共产国际的指挥，党内的不少领导人在俄国读了很多书、听了不少课，以为只有严格照书本办事才是真正的马克思主义者，对中国国情的研究和认识都远远不够。因此，党内的教条主义不断发展。特别是照搬俄国城市起义和党内斗争的套路，先后犯了三次严重的"左"倾错误，使中国革命遭到严重的挫折。

实践证明，正确认识中国国情是制定一切路线方针政策的基础。对国情的正确认识哪里来？必须通过对中国社会现实的调查研究而来。

在当时的中国共产党内，毛泽东是最注重中国国情实际、也是最注重调查研究的代表人物。早在建党初期，毛泽东就身背雨伞，脚穿草鞋，深入安源矿井了解工人疾苦，倾听工人心声，指导工人制定出正确的斗争策略。在国共合作的大革命期间，毛泽东花了一个多月的时间，实地考察湖南省湘潭、湘乡、衡山、醴陵、长沙等五县的情况，在县城和乡村召开调查会，根据所得材料撰写出《湖南农民运动考察报告》。在井冈山时期，为解决根据地的土地分配问题，毛泽东进行了宁冈调查、永新调查，总结了农民群众土地革命的新鲜经验，主持制定了井冈山《土地法》。他不但自己进行调查研究，而且要求各红军部队每到一地都要开展调查工作，并作为制度规定下来。他还亲自指导红军政治部制定了统一的调查表格，调查的内容包括群众斗争状况、反动派状况、经济生活情况和农村各阶级占有土地的情况等。

在领导创建赣南闽西苏区的实践过程中，遇到许多具体的政策问题。例如：应该怎样处理农村中地主、富农、中农、贫农各阶级的关系？怎样正确地分配农村土地？如何区分城市中自食其力的工商业者和资产阶级的界限？如何处理好保护城市工商业、维护城市繁荣和解决红军筹款的关系等问题……所有这些都是迫切需要解决的重大问题，解决得好不好，关系到红军和根据地的前途命运。特别是随着根据地的扩大，如何解决城市问题也在一定程度上提上了日程。毛泽东回顾从前的调查活动，认为"有一个极大的缺点"，就是偏重农村而不注意城市，对争取城市的策略问题还没有真切的了解，"对于商业状况是完全的门外汉"，"对城市贫民和商业资产阶级这二者的策略始终模糊"，特别是当前"斗争的发展使我们离开山头跑向平地了，我们的身子早已下山了，但是我们的思想依然还在山上"。

因此，毛泽东决定下大力气在对乡村调查的基础上，对城市状况作一次深入的社会调查。1930年5月，红四军在地方武装配合下攻克寻乌县城，在这里停留了一个月，环境比较安定。于是，毛泽东在中共寻乌县委书记古柏的协助下，接连开了十多天座谈会，进行社会调查，并把这次调查的结果，整理成《寻乌调查》一文。这篇文章共5章39节，8万多字。这是毛泽东以前没有做过的规模最大的一次调查。通过解剖寻乌县这只"麻雀"，以点带面、以小见大，更加清楚地了解了整个闽粤赣三省交界各县乃至更多革命根据地的实际情况。

在进行寻乌调查的同时，毛泽东对多年来从事的调查研究进行了理论总结，写出了名作《反对本本主义》，鲜明提出"没有调查，没有发言权"，"中国革命斗争的胜利要靠中国同志了解中国情况"等重要论断，深刻阐明了在马克思主义思想路线指导下正确认识中国国情，坚持理论与实际相结合的极端重要性。

二、寻乌调查的特点和意义

寻乌调查是毛泽东研究国情、认识国情的一个重要举措。这次调查有很多鲜明的特点，能够给我们以很多重要的启迪和教育。

一是全面系统。

毛泽东根据调查所写的调查报告，设 5 章 39 节，类别包括地理位置、历史沿革、行政区划、自然风貌、水陆交通、土特产品、商业往来、商品种类、货物流向、税收制度、人口成分、土地关系、阶级状况、剥削方式、土地斗争等等。从调查的内容来看，毛泽东在寻乌着重调查了五个方面的问题。一是寻乌县城的人口成分及其政治地位。二是商业情况，包括行业、店铺、货物、圩场生意等。三是旧的土地占有状况，特别是地主和贫农的类型。四是农村的剥削状况，分为地租剥削、高利剥削和税捐剥削等三类。五是寻乌土地分配状况及其斗争。这些调查的内容，系统、详尽、丰富、透彻、细致入微，是一部关于20世纪二三十年代寻乌社会历史的全纪实、大写真，也是那个时代南中国小城镇历史变迁的一幅全景画。在社会学上，费孝通的江村调查被当作中国农村调查的范本。其实，毛泽东的寻乌调查，不仅是政治调查、政策调查的典范，也是社会调查、学术调查的典范。

二是广泛深入。

调查的对象广泛深入。毛泽东找了寻乌各地各阶层的人参加调查会，其中有县商会会长、杂货店主、铸铁工人、县署钱粮办事员、开过赌场的老童生、做过小生意的乡苏委员、秀才出身的小学教师、年轻的区政府主席、自治研究所毕业的缝工等各色人物，对象广泛、代表性强。毛泽东还"下马看花"，到中共寻乌县委、县苏维埃政府、木工店、商会等地进行实地走访，还跟老表一起下到田间劳动，和他们畅谈，掌握了大量真实可靠的第一手材料。调查的内容也是既广泛又深入。如对行业的调查，涉及行业种类、店铺分布、经营品种、专卖经营、商品成色、货物来源、市场价格、销售方向、年度贸额、荣枯演变、店员制度等，被剖解的行业达18种。在剖析地主情况时，将地主分为"公共地主"和个人地主两大类别。"公共地主"又分为三类：一是祖宗地主。二是神道地主，三是政治地主。对地主作这样深入细致的分类和解析，这在党史和中国近现代史的文献中极其罕见。新中国成立之初大规模开展土地改革时，好像也没有作如此细致的调查和区分。

三是亲力亲为。

调查不是"花架子"，不是虚晃一枪，不是蜻蜓点水，而是要真正了解情况。所以在调查中，毛泽东亲力亲为，自己拟定调查大纲细目，自己主持调查会，自己动手做记录，最后自己动手撰写了8万余字的调查报告。他强调："做领导工作的人要依靠自己亲身的调查研究去解决问题。""凡担负指导工作的人，从乡政府主席到全国中央政府主席，从大队长到总司令，从支部书记到总书记，一定都要亲身从事社会经济的实际调查，不能单靠书面报告，因为二者是两回事。"对调查对象"必须恭谨勤劳和采取同志态度"。他后来总结自己的经验说：要使实际调查得到大的益处，"没有满腔的热忱，没有眼睛向下的决心，没有求知的渴望，没有放下臭架子、甘当小学生的精神，是一定不能做，也一定做不好的。"寻乌调查是"到群众中作实际调查去"的典范。

四是实事求是。

调查研究是为了更加准确地了解现实状况，因此，首先必须尊重现实、尊重实际。为了适应革命斗争形势变化的需要，毛泽东不是照抄照搬上级的指示，而是从实际出发，及时指出调查工作不能只偏于农村而不注意城市。为了搞清楚当时迫切需要解决的问题，毛泽东对寻乌县的地理环境、交通、经济、政治、各阶级的历史和现状等，进行了全面而详细的考察分析，尤其是调查了城镇的商业和手工业状况及其历史发展过程和特点。通过这次调查，毛泽东懂得了城市商业状况，掌握了分配土地的各种情况，为制定正确对待城市贫民和商业资产阶级的政策，为确定土地分配中限制富农的"抽肥补瘦"的原则，提供了实际依据。此后，根据地富农问题、城市工商业问题、城市筹款的政策问题等都得到了较好的解决。

毛泽东的寻乌调查，不仅深化了对寻乌这个县级区域的了解，而且以点带面，深化了对中国国情的了解；不仅达到了调查研究本身的目的，而且创立了独特的调查研究理论；不仅直接指导了土地革命和根据地各项政策的制定和调整，而且为形成完整的新民主主义革命理论奠定了基础。

土地革命怎么革法？毛泽东通过寻乌调查，掌握了大量第一手资料，进一步了解了中国国情，形成了比较正确的关于划分农村阶级的理论，关于土地政策的理论，关于土地革命的阶级路线，深化和拓展了对"农村包围城市"革命道路的认识。这以后，他同党的其他领导人一起，初步制定了一条基本上适合当时情况的土地革命路线。后来这条阶级路线虽有调整，但其基本点没有重大改变。

通过开展寻乌调查及其后总结调查研究经验撰写《反对本本主义》，毛泽东深入思考了马克思主义与中国革命实际的关系，提出了"马克思主义的'本本'是要学习的，但是必须同我国的实际情况相结合"的重要观点。作为毛泽东思想的活的灵魂的三个基本点，即实事求是、群众路线、独立自主的思想，在这一时期初步形成。我们党的思想路线也初步形成。寻乌调查是党的理论联系实际工作方法的卓越范本，对于打破教条主义束缚，推进马克思主义中国化有着重要的历史贡献。

调查研究是马克思主义基本原理与中国实际相结合的一个根本方法。通过寻乌调查和中央苏区时的其他一系列调查，毛泽东将马克思主义的调查研究方法，形成比较系统的调查研究理论。

毛泽东第一个提出"没有调查，没有发言权"的科学论断，将调查研究视为思想路线问题。针对那种开口闭口"拿本本来"的本本主义，下车伊始就哇啦哇啦的主观主义，只坐在机关里发号施令的官僚主义和不问具体内容、盲目地执行"上级"指示的形式主义作风，毛泽东尖锐地指出：这些作风都是脱离实际的，"要不得！要不得！""你对于某个问题没有调查，就停止你对于某个问题的发言权。"

毛泽东将调查研究提到从未有过的哲学高度。"一切结论产生于调查情况的末尾，而不是在它的先头。"离开实际调查去估量政治形势、指导斗争工作，是空洞的唯心论，其结果不是产生机会主义，便是产生盲动主义。纠正的唯一方法，就是迈开双脚，深入到群众中，学习孔夫子的"每事问"，努力作实际调查。只有这样，才能洗刷唯心精神。

毛泽东系统地概括了实际调查的方法和技术。他批评那种只反映各种片断社会现象的"狗肉账"式的调查，进一步指出：不做正确的调查同样没有发言权。他提倡开调查会作讨论式的调查，参加调查会的人员，视调查内容而定。作社会经济调查，就要找深切明了社会经济情况的人。在年龄上，老年人多些，有斗争经验的青年人也要；在职业上，各个阶层的人都要找。参加调查会人员的多少，视主持人的指挥能力而定，至少需要三人，可以多到十几人或者二十几人，一般三五个七八个即够。事先要准备调查纲目，既要有大纲，又要有细目，要给予时间让参加者作准备。担任领导工作的都要亲自作调查，不但自己主持，还要自己做记录，口问手写，同到会人展开讨论，假手于人是不行的。他后来回顾说："开调查会，是最简单易行又最忠实可靠的方法，我用这个方法得了很大的益处，这是比什么大学还要高明的学校。"

三、发扬寻乌调查优良传统，提高新时代调查研究水平

寻乌调查是我们党开展调查研究的经典之作，闪耀着唯实求真精神。今天，我们重温毛泽东作的寻乌调查，深入学习贯彻

习近平总书记关于调查研究的一系列重要论述，应该大力弘扬寻乌调查优良传统，大力弘扬唯实求真精神，提高新时代调查研究水平，把新时代的中国特色社会主义事业不断推向前进。

一是坚持问题导向进行调查研究。近年来，国内外形势极为复杂多变，新情况新问题层出不穷。我国发展面临新的战略机遇、新的战略任务、新的战略阶段、新的战略要求、新的战略环境。国内改革发展稳定面临的深层次矛盾躲不开、绕不过，各种风险挑战、困难问题比以往更加严峻复杂，迫切需要通过调查研究把握事物的本质和规律，找到破解难题的办法和路径。在全党大兴调查研究，就要坚持问题导向，大力弘扬党的光荣传统和优良作风，增强问题意识，实行问题大梳理、难题大排查，敢于正视问题、善于发现问题，以解决问题为根本目的，真正把情况摸清、把问题找准、把对策提实，不断提出真正解决问题的新思路新办法，把中央的各项决策部署落到实处。要围绕贯彻新发展理念、构建新发展格局、推动高质量发展中的重大问题，全面深化改革开放中的重大问题，全面从严治党中的重大问题，人民最关心最直接最现实的利益问题，特别是就业、教育、医疗、托育、养老、住房等群众急难愁盼的具体问题等，开展深入细致的调查研究，解决好群众最关心最直接最现实的利益问题，真正把功夫下到察实情、出实招、办实事、求实效上。

二是坚持亲力亲为进行调查研究。领导干部搞调查研究，是为了掌握第一手材料。吃别人嚼过的馍没有味道，就是说要掌握真实情况，形成真知灼见，以利于正确下决心、指导工作。在我们这样一个大国，各地情况千差万别，即便是在一个省、一个市、一个县的范围内，具体情况也不能一概而论。定措施、作决策、抓工作，坐而论道是不行的，闭门造车也是不行的。县处级以上领导班子成员每人牵头1个课题开展调研，同时，针对相关领域或工作中最突出的难点问题进行专项调研。各部门各地区的负责同志要亲力亲为。要扑下身子、沉到一线、走出院子，到车间码头，到田间地头，到市场社区，亲自查看、亲身体验。只有沉下去"解剖麻雀"，亲口尝一尝滋味，才能全面了解情况，深入研究问题，把准事物的本质和规律，找到破解难题、推进工作的办法和路径。

三是坚持群众路线进行调查研究。开展调查研究就是走群众路线，能不能坚持群众观点？能不能接地气？要做到这一点，坚持调查研究是一种很重要的方式。调查研究，必须坚持党的群众路线，从群众中来、到群众中去，增进同人民群众的感情，真诚倾听群众呼声、真实反映群众愿望、真情关心群众疾苦，自觉向群众学习、向实践学习，从人民的创造性实践中获得正确认识，把党的正确主张变为群众的自觉行动。要虚心拜人民为师，向人民学习。要深入农村、社区、企业、医院、学校、新经济组织、新社会组织等基层单位，掌握实情、把脉问诊，问计于群众、问计于实践。重要决策方案，特别是涉及群众切身利益的重要政策措施，要广泛听取群众意见，既要听群众的顺耳话，也要听群众的逆耳言，这样才能听到实话、察到实情，使调研的过程成为保持同人民群众血肉联系的过程，从基层实践找到解决问题的"金钥匙"。

四是坚持实事求是进行调查研究。调查研究是一种能力，也是一种作风，是转变党的作风的基础一环。作风实不实，调查研究的结果"两重天"。调查研究必须坚持实事求是，坚守党性原则，一切从实际出发，理论联系实际，听真话、察实情，坚持真理、修正错误，有一是一、有二是二，既报喜又报忧，不唯书、不唯上、只唯实。综合运用座谈访谈、随机走访、问卷调查、专家调查、抽样调查、统计分析等方式，充分运用互联网、大数据等现代信息技术开展调查研究，提高科学性和实效性。坚决反对在调查研究中走马观花、浅尝辄止、一得自矜、以偏概全，草率地下结论、做判断。要力戒形式主义、官僚主义，防止为调研而调研，防止搞"出发一车子、开会一屋子、发言念稿子"式调研，防止扎堆调研、"作秀式"调研。对那些具有普遍性和制度性的问题、涉及改革发展稳定的深层次关键性问题，以及难题积案和顽瘴痼疾等，要研究透彻、找准根源和症结。

总之，要积极弘扬寻乌调查的光荣传统，认真总结其中蕴含的历史经验、历史规律、历史启示，深入学习贯彻习近平总书记关于调查研究的重要论述，努力提高调查研究的水平，提高贯彻落实中央决策和指导本地区本部门工作的水平，为克服风险挑战、解决现实课题提供更多更科学的政策路径和有效方法。

陈　晋

中共中央党史和文献研究院原院务委员

调查研究与中国道路

85年前，毛泽东在寻乌进行了被他称为"最大规模"的社会调查。在此前后，他还在赣南、闽西进行了一系列社会调查。这些调查，为他在中国革命最困难、最要紧的岁月探索中国革命道路打下了重要的认识基础，更为马克思主义中国化这个最基本、最长远的事业，提供了正确方向。

道路问题至关重要。近代以来，中华民族的救亡图存和发展强大，应该走什么路、怎么走，一直是无数仁人志士孜孜以求的基本问题，更是中国共产党成立以来的一个核心问题。毛泽东以寻乌调查为代表的社会调查和党的历史经验告诉我们：正确的道路，从来都是深埋在国情的土壤之中，要把它找出来，从来都是从深入地了解和研究国情开始的。

我们党在确定了民主革命纲领之后，革命道路"是什么"、应当"怎么走"，仍然面临着各种纷扰。可以说，就在毛泽东埋头搞寻乌调查的时候，"城市中心论"仍然是党内决策层的主流看法。1930年夏天，李立三主持中央工作时，要各地红军分别去打长沙、南昌等城市，进而"饮马长江，会师武汉"的战略调度，即为一例。毛泽东以寻乌调查为代表的一系列赣南、闽西社会调查，其特殊意义在于，为清晰回答中国革命"是什么"和"怎么走"这两个事关道路的重大课题，提供了认识基础。

关于"是什么"。毛泽东自己对这个问题的认识，也有一个发展变化的过程。周恩来1944年在延安中央党校作报告时曾说，"六大"召开时，毛泽东虽然已经提出了"工农武装割据"的思想，但他"还是认为要以城市工作为中心的"。从"工农武装割据"到"以农村为中心"的转变，是创立农村包围城市道路的关键一环。毛泽东1929年在长汀、上杭等地所进行的广泛社会调查，使他开始抓住这个关键环节，坚定了他创立巩固的革命根据地，以为"前进的基础"的决心。在土地革命、武装割据这些基本政策指导下，赣南、闽西革命根据地逐步巩固发展，建立起影响全国的"中心工作区域"。"农村包围城市，武装夺取政权"这条道路的设计，就是在这个过程中间孕育成熟的。

关于"怎么走"。在大革命失败后的严酷斗争形势下，中国革命道路"怎么走"，比"是什么"的争论显得更为迫切与紧要。它直接决定着党和红军能否生存发展，并最终决定着农村包围城市这条道路能否走得通。为弄清"怎么走"的问题，毛泽东的办法依然是"向下看"，通过调查研究来找到钥匙。在寻乌调查中，他深入而系统地研究了当地商业资本的兴衰过程和原因、中国农村的土地关系和剥削状况、各个阶级和阶层的生存现状及政治态度，特别是细致入微地分析和总结了寻乌进行土地斗争的经验教训。由此，对为什么要走和怎样走农村包围城市这条道路，在认识上有了飞跃；对这条道路为什么能够走得通，在认识上也有了实践依据。

具体说来，毛泽东以寻乌调查为代表的社会调查，之所以能够从宏观上认识到中国革命道路"是什么"和"怎么走"，在于这些调查大体在以下几个问题上为当时的道路探索提供了认识基础。

第一，以寻乌调查为代表的社会调查，为党在道路探索中制定正确的土地政策，提供了可靠的阶级依据。在到井冈山之前，毛泽东也做过一些农村调查，但他认为，自己对"农村阶级的结合，仍不是十分了解的"。寻乌调查之后，他才"弄清了富农与地主的问题，提出解决富农问题的办法"；兴国调查之后，才弄清楚了"贫农与雇农的问题"。后来，他还在调查基础上，进一步提出了正确对待中农的问题。弄清楚农村各阶级的状况及其相互关系，在实践中产生了两个积极成果，一是使党找到了解决土地问题的可行路径，进而制定出比此前的土地政策（如"井冈山土地法"）更切合实际的方案；二是发展了马克思主义的阶级分析学说，使农村阶级划分有了可行的标准。这两个成果，使中国革命道路的探索有了可靠的阶级基础。这就是毛泽东说的，"社会经济调查是为了得到正确的阶级估量，接着定出正确的斗争策略"。

第二，以寻乌调查为代表的社会调查，为党在道路探索中推进根据地建设，提供了切实的工作方法。建立巩固的革命根据地，努力发动群众，扩大红色区域，是土地革命时期中国革命道路的重要内容，也是毛泽东社会调查的重要方面。通过对东塘、长冈、才溪等地的调研，他搞清楚了苏维埃政府"在土地斗争中的组织和活动情形"，就苏维埃政权的性质、任务、工作方法，以及经济建设、关心群众等问题做了完整论述。这些建立在"铁的事实"基础上的理论概括和政策措施，为开创中国革命新局面，迅速巩固和扩大中央革命根据地，提供了重要的政权基础和行政工作方法，为中国革命道路的探索前进，积蓄了组织力量。

第三，以寻乌调查为代表的社会调查，为党在道路探索中加强党的建设，提供了深刻的思想基础。走农村包围城市的革命道路，将建设一个坚强的无产阶级政党的任务突出地提了出来。如果没有这个任务的完成，即使以"乡村为中心"，也难免要失败。中央苏区时期，毛泽东通过调查研究，为解决这个问题作出了开创性的历史贡献。他在《反对本本主义》中明确提出了党的"思想路线"概念，后来在《查田运动的群众工作》《关心群众生活，注意工作方法》中，又提出了"群众路线"的科学概念和基本思想。这两个理论创新成果，与《古田会议决议》所提出的建党原则一道，使党的建设思想有了中国特色的新发展，为把以农民为主要成分的党，逐步改造成了中国革命事业的坚强领导核心，提供了深刻的思想基础。

第四，以寻乌调查为代表的社会调查，为党在道路探索中处理马克思主义与中国革命实际的关系，提供了科学的前进方向。究竟应该以一种什么样的态度和方法，运用马克思主义基本原理，来处理中国革命遇到的实际问题，多年没有解决。几次"左"倾教条主义的错误，盖源于此。毛泽东做寻乌调查的同时写作的《反对本本主义》，是他多年调查工作经验的思想结晶。这篇文章围绕调查研究这一根本工作方法，科学剖析了过去党犯错误的思想根源，提出了对待马克思主义的正确态度，即"马克思主义的'本本'是要学习的，但是必须同我国的实际情况相结合"，"中国革命斗争的胜利要靠中国同志了解中国情况"。这些经验总结和理论认识，是对党的实事求是思想路线的初步阐发，也是在马克思主义中国化这个根本问题上形成思想自觉的重要开端，从而为中国革命道路的探索提供了科学的前进方向。

总之，以寻乌调查为代表的社会调查，深化和拓展了毛泽东关于中国革命道路认识，激发和坚定了他对中国革命道路的自觉和自信。90多年过去了，我们党先后创造性地成功走出中国特色新民主主义革命道路和中国特色社会主义道路。历史的经验告诉我们，我们党在救国、兴国、强国的接续奋斗过程中，之所以能够探索和开辟出决定命运的伟大道路，之所以在不断变化的历史条件下能够坚持和发展业已证明是正确的道路，一个重要法宝，就是深入实际调查研究。昨天我们探索中国革命道路是如此，今天我们坚持和发展中国特色社会主义道路依然如此。

习近平总书记提出，"调查研究不仅是一种工作方法，而且是关系党和人民事业得失成败的大问题"。这里说的事业成败的大问题，说到底，就是如何坚持和发展中国特色社会主义道路的大问题。坚持和发展中国特色社会主义，是一个主观与客观相统一的过程。客观环境不断发生改变，新矛盾新问题总是层出不穷，需要完成的任务也不断发生变化。只有通过坚持不懈的、科学的调查研究，才能使党的方针政策正确反映实际需要，从根本上保证党的各项决策的正确制定与贯彻执行，保证我们在工作中尽可能防止和减少失误，即使发生了失误也能迅速纠正而又继续胜利前进。这样，我们就会在中国特色社会主义这条道路上走得更稳，更好。

更重要的是，调查研究是不断开创中国道路新局面，增强道路自信的深厚源泉和重要前提。认清中国国情，是认清中国一切问题的基本依据。在当今中国，要回答中国道路"是什么"和应该"怎么走"，就必须到中华民族独特的历史命运和独特的文化传统，到近代以来中国社会的发展条件和发展水平等基本国情中去寻找答案。对我国的基本国情不了解或不甚了解，就难以有道路上的明确选择；即使有了选择，也难以有充分的自觉和坚定的信心。通过寻乌调查，毛泽东坚定了对中国革命道路的正确选择，在马克思主义中国化的征程中迈出了关键一步。20世纪60年代，他又把调查研究的要求概括为"情况明，决心大，方法对"。这里的"决心大"，讲的就是对独立探索社会主义建设道路的自觉与自信。今天，我们讲道路自觉与自信，就是对中国特色社会主义被历史和人民选择的必然性有清醒的认识，对它在风险和挑战中不断前进的经验教训有科学的总结，对它在现实实践中不断延伸拓展的内生动力有理性的判断。有了这几点，树立中国特色社会主义的道路自信，才能有"底气"，接"地气"，才能经受住复杂局面的考验而不动摇。而这几点，说到底还是一个调查研究的过程，一个实事求是的过程。

毛泽东以寻乌调查为代表的社会调查，给我们留下了丰厚的思想遗产。这个遗产的核心，就是毛泽东所说的"研究问题的方法"，就是实事求是的精神，就是"一万年还是要进行调查研究工作"的要求。现在，我们正在进行具有许多新的历史特点的伟大斗争，实现中华民族伟大复兴的中国梦和"两个一百年"的奋斗目标，还会遇到各种风险和挑战，还要克服各种艰难险阻。我们要坚持和运用好毛泽东所说的"研究问题的方法"，通过正确的调查研究，来认识新事物，获得新知识，提出新办法，解决新问题。

（摘编自《光明日报》2015年7月25日）

刘靖北

华东师范大学—中国浦东干部学院
中共党史党建研究院院长、特聘教授

大兴调查研究要牢牢把握"五个必须坚持"

在全党大兴调查研究是学习贯彻习近平新时代中国特色社会主义思想主题教育的重要内容和鲜明特色。党中央关于在全党大兴调查研究的工作方案对主题教育中做好调查研究作出全面部署，提出在全党大兴调查研究必须坚持党的群众路线、必须坚持实事求是、必须坚持问题导向、必须坚持攻坚克难、必须坚持系统观念。"五个必须坚持"贯穿着习近平新时代中国特色社会主义思想的世界观和方法论，凝结着我们党开展调查研究的宝贵经验，为全党大兴调查研究、做好各项工作提供了重要遵循。我们必须准确把握"五个必须坚持"的丰富内涵和实践要求，把调查研究与理论学习、推动发展、检视整改有机融合、一体推进。

一、必须坚持党的群众路线

群众路线是我们党的生命线和根本工作路线。习近平总书记指出："开展调查研究就是走群众路线，没有调查就没有发言权，就没有决策权。"党员干部要坚持群众观点，站稳人民立场，牢记"江山就是人民、人民就是江山"的深刻道理，自觉把自己当作群众的一员，把群众的事当作自己的事，把实现好、维护好、发展好最广大人民根本利益作为一切工作的出发点和落脚点，通过调查研究，进一步密切党群关系、干群关系。要坚守人民情怀，以百姓心为心，以心交心、将心比心，放下架子、扑下身子，"身"入基层、"心"到群众，拜人民为师，甘当小学生，虚心向群众学习，尊重群众首创精神，总结群众经验、反映群众意见、汲取群众智慧。要改进群众工作方法，既要继承党的群众工作的好传统，又要创新群众工作方法，充分运用互联网、大数据等现代信息技术，提高调查研究的科学性和精准性。要改进工作作风，多采取"四不两直"、蹲点调研等方式，深入农村、社区、企业、医院、学校、"两新"组织等基层单位，同群众坐在一条板凳上，直接听取群众意见，防止出现坐不下板凳、稳不住心神、说不上话现象。在调研中，要严格执行中央八项规定及其实施细则精神，轻车简从，不搞层层陪同，防止"出发一车子、开会一屋子、发言念稿子"式调研，不搞作秀式、盆景式、打卡式调研，避免扎堆调研、多头调研、重复调研，不给基层增加负担。要积极回应群众关切，对群众普遍关注的问题要及时解疑释惑、化解矛盾，把惠民生、暖民心、顺民意的工作做到群众心坎上，切实使调查研究的过程成为广大群众加深对党的创新理论认同和领悟的过程，成为密切党同人民群众血肉联系的过程。

二、必须坚持实事求是

实事求是是马克思主义的精髓，也是我们党的思想路线的核心。习近平总书记指出，"能不能做到实事求是，是党和国家各项工作成败的关键。全党同志一定要把实事求是贯穿到各项工作中去，经常、广泛、深入开展调查研究"。坚持实事求是，根本的是一切从客观实际出发,研究和探求事物的发展规律,努力做到主观和客观的统一。要把实事求是的"实事""求是"两个方面和调查研究的"调查""研究"两个环节紧密结合起来,使调查研究的过程真正成为体现实事求是的过程。一方面,通过深入调查弄清"实事",既看"高楼大厦"又看"背阴胡同",既听"顺耳话"又听"逆耳言",全面掌握丰富、生动的第一手材料,切实把实际情况摸实,把存在的问题摸准,把群众的所思所盼摸透。另一方面,通过深入研究去"求是",探求和掌握事物本质和规律。在调查的基础上,对掌握的各方面一手材料下一番思考、分析、综合的功夫,经过交换、比较、反复,去粗取精、去伪存真,由此及彼、由表及里,把握事物本质,形成规律性认识,找到解决问题的正确办法,坚决避免调查多、研究少,情况多、分析少,不解决问题的调查研究。坚持实事求是,必须发扬理论联系实际的马克思主义学风,坚持运用党的创新理论分析问题、解决问题。要学深悟透习近平新时代中国特色社会主义思想,善于运用这一重要思想的世界观、方法论和贯穿其中的立场观点方法分析解决问题、推动事业发展。坚持实事求是,必须坚守党性原则。坚持实事求是既是思想方法、工作方法问题,更是党性问题。任何主观主义、形式主义、机械主义、教条主义、经验主义的观点，都是缺乏党性的表现，都是有害的、不可取的。在调研中，要坚持真理、修正错误，不唯书、不唯上、只唯实，有一是一、有二是二，坚决防止做表面文章，坚决反对弄虚作假行为。

三、必须坚持问题导向

马克思曾深刻指出："问题就是时代的口号，是它表现自己精神状态的最实际的呼声。"坚持问题导向是马克思主义的鲜明特点。习近平总书记指出："我们中国共产党人干革命、搞建设、抓改革，从来都是为了解决中国的现实问题。"迈上全面建设社会主义现代化国家新征程，我国改革发展稳定面临不少深层次矛盾躲不开、绕不过，各种风险挑战、困难问题比以往更加严峻复杂，而我们对许多新问题和新矛盾还知之不多、知之不深，这就迫切要求我们必须"坚持问题导向，增强问题意识，敢于正视问题，善于发现问题"，通过调查研究进一步把握事物的本质和规律，找到破解难题的办法和路径。坚持问题导向，要做到有的放矢。要对"去哪儿调研、调研什么、怎么调研"提前做好谋划，带着问题去，通过调查研究找出解决问题的思路、对策，避免漫无目的、自主性差、丧失主动权的"被调研"。党中央关于在全党大兴调查研究的工作方案聚焦全面贯彻落实党的二十大精神、推动高质量发展,明确提出12个方面调研内容,为增强调查研究的针对性、实效性奠定了坚实基础。坚持问题导向,要善于发现问题。既要带着问题去调研,又要善于在调研中发现问题、敢于面对问题,尤其不能先入为主,不能事先定调子,不能对问题视而不见。坚持问题导向,要以解决问题为根本目的。要对标对表习近平新时代中国特色社会主义思想,认真查找在贯彻党中央决策部署,在贯彻新发展理念、构建新发展格局、推动高质量发展,在履职尽责等方面存在的问题,系统梳理调研发现的问题、推动发展遇到的问题、群众反映强烈的问题,以及巡视巡察、审计监督等发现的问题,逐个列出问题清单,建立成果转化台账,加强对问题解决情况的督查督办和跟踪问效,防止为调研而调研,切实把调查研究过程变成解决问题、改进工作的过程。

四、必须坚持攻坚克难

我们党在内忧外患中诞生,在磨难挫折中成长,在攻坚克难中壮大,不畏困难、不惧风险、敢于斗争、敢于胜利已经内化为中国共产党人的鲜明品格。党的十八大以来，以习近平同志为核心的党中央带领全党全国各族人民进行伟大斗争，在应对一系列重大风险挑战、克服一系列重大矛盾和阻力中继续书写了"两大奇迹"的新篇章。当前，世界百年未有之大变局加速演进，我国发展进入战略机遇和风险挑战并存、不确定难预料因素增多的时期，由经济下行压力引发的各种经济问题、民生问题、社会问题日益凸显，各领域都还存在一些深层次矛盾和问题。习近平总书记强调："我们共产党人的斗争，从来都是奔着矛盾问题、风险挑战去的。"这就要求我们必须直面问题、苦干实干，在攻坚克难中开创发展新局面。在全党大兴调查研究，就要增强忧患意识，发扬斗争精神，深入研究推进中国式现代化进程中面临的各类风险挑战，前瞻性研究前进道路上如何应对各种"黑天鹅""灰犀牛""拦路虎"。要紧紧围绕高质量发展这个全面建设社会主义现代化国家的首要任务，聚焦那些涉及改革发展稳定的深层次关键性问题、具有普遍性和制度性的问题、人民群众反映强烈的突出问题，以及本地区本部门本单位长期未解决的老大难问题等，做好破解复杂难题的对策性调研，找准问题的堵点淤点难点，理清制约高质量发展的短板弱项，正视矛盾、直面问题，拿出破解难题、打开局面的实招硬招。要坚持以调研开路、以调研开局，在真刀真枪真解决难题上下功夫、见真章，集中力量解决一批发展所需、改革所急、基层所盼、民心所向的问题，通过顽强斗争打开事业发展新天地，在攻坚克难中展现责任担当。

五、必须坚持系统观念

唯物辩证法认为，万事万物是相互联系、相互依存的，整个世界是相互联系的整体，也是相互作用的系统。只有用普遍联系的、全面系统的、发展变化的观点观察事物，才能把握事物发展规律。坚持系统观念开展调查研究，必须把握好全局和局部、当前和长远、宏观和微观、主要矛盾和次要矛盾、特殊和一般的关系，强化战略思维、历史思维、辩证思维、系统思维、创新思维、法治思维、底线思维能力，抓住经济社会发展中的关键问题、难点问题、牵一发而动全身的问题进行研究思考，提出有效破解问题的主攻方向、思路举措、方法路径，不断开创工作新局面。要坚持从长远上看问题、想策略、谋发展。习近平总书记强调，要"立足当前、着眼长远，增强工作积极性、主动性、创造性"。当前，要着力做好新时代新情况的前瞻性调研，善于从苗头性、倾向性现象中看到趋势、看到全局、看到方向，以尽早谋划、提前布局赢得主动、抢得先机。要坚持从全局上看问题、想策略、谋发展。要着力做好事关全局的战略性调研，善于把局部问题放在全局中思考，从"牵一发而动全身"的重点领域入手，从"落一子而满盘活"的关键环节着力，以点带面，激活全盘，牢牢掌握发展主动权。要坚持从整体上看问题、想策略、谋发展。经济社会发展是一个高度耦合、系统集成的统一整体，各个部分、各个环节紧密联系、相互作用。开展调查研究，既要把握事物的重点方面和关键环节，更要把握事物的整体和全貌，注重各种要素、各项工作的关联性，善于从整体上考虑并解决问题，不能只见树木、不见森林，不能畸轻畸重、顾此失彼。对"表现在基层、根子在上面"和单靠基层难以解决的问题，对涉及多个地区或部门单位的问题，上级领导机关要主动认领、统筹谋划，层层压实责任，形成上下协同攻坚的强大合力，整体性推动问题解决。

（摘编自《党建》杂志 2023 年第 6 期）

许先春

中共中央党史和文献研究院信息资料馆副馆长、一级巡视员

做好深入扎实的调查研究工作

习近平总书记在学习贯彻习近平新时代中国特色社会主义思想主题教育工作会议上发表重要讲话，强调要大兴调查研究之风，运用党的创新理论研究新情况、解决新问题。中共中央办公厅印发的《关于在全党大兴调查研究的工作方案》，对新时代新征程大兴调查研究之风的总体要求、调研内容、方法步骤等作出了明确部署。我们要切实增强调查研究本领，着力提高调查研究

实效，推动全面建设社会主义现代化国家开好局起好步。

深刻认识在全党大兴调查研究的重要意义

加强调查研究，是马克思主义世界观和方法论的必然要求。实践的观点是马克思主义认识论的第一和基本观点。人的认识来自实践，又要回归实践，接受实践检验。调查研究就是这一过程的体现。没有对客观实际的深入了解，没有对国情民意的切身体验，就很难形成正确的认识、作出正确的决策，即便有了好的决策也难以真正落到实处。

党的十八大以来，习近平总书记紧密结合坚持和发展中国特色社会主义的实践进程，对调查研究工作提出了具体明确的要求。在继承我们党提出的"没有调查就没有发言权、没有调查就没有决策权、正确的决策离不开调查研究"等思想的基础上，习近平总书记进一步提出了"正确的贯彻落实同样也离不开调查研究"的重要论断。他强调："我们在这里研究的工作很多要求是原则性的，每个部门回去后都要变成具体措施。这就要求大家吃透中央精神，开展深入调研，到底下去解剖麻雀，亲口嚼一嚼馍、尝一尝滋味，最后拿出结论和办法来。"

习近平总书记深刻指出："调查研究是我们党的传家宝，是做好各项工作的基本功。要在全党大兴调查研究之风，推动全党崇尚实干、力戒空谈、精准发力，让改革发展稳定各项任务落下去，让惠及百姓的各项工作实起来，推动党中央大政方针和决策部署在基层落地生根。"当前，世界百年未有之大变局加速演进，世界进入新的动荡变革期。我国发展面临的形势严峻复杂，新情况新问题层出不穷。我们要深刻认识在全党大兴调查研究的重要性紧迫性，增强做好调查研究的政治自觉、思想自觉、行动自觉。

这是深入学习贯彻习近平新时代中国特色社会主义思想、感悟这一重要思想的真理力量和实践伟力的必然要求。习近平新时代中国特色社会主义思想是马克思主义基本原理同中国具体实际相结合、同中华优秀传统文化相结合而形成的重大创新成果。"两个结合"深刻揭示了马克思主义在中国创新发展的现实路径和内在规律，而这种结合始终是以调查研究为前提和依据的。习近平新时代中国特色社会主义思想对党和国家事业发展的一系列重大理论和实践问题所进行的深邃思考和科学回答，是建立在系统周密的调查研究基础之上的。在全党大兴调查研究，有利于深入学习贯彻习近平新时代中国特色社会主义思想，更好地把握这一重要思想的世界观和方法论，坚持好、运用好贯穿其中的立场观点方法，不断开辟马克思主义中国化时代化新境界。

这是深刻领悟"两个确立"的决定性意义、坚决做到"两个维护"的具体实践。"两个确立"是党在新时代最重大的政治成果、最重要的政治判断、最宝贵的历史经验和最确凿的历史结论。"两个确立"不是凭空产生的，而是在新时代坚持和发展中国特色社会主义的伟大实践中孕育形成的，并且经受住了历史和人民的检验。"两个确立"顺应了时代发展要求，蕴含着深刻的历史必然性。在全党大兴调查研究，有利于更好地贯彻落实党中央决策部署和习近平总书记对本地区本部门本领域工作重要指示批示精神，更加深化对"两个确立"的政治认同、思想认同、理论认同、情感认同，更加自觉增强"四个意识"、坚定"四个自信"、做到"两个维护"，不断提高政治判断力、政治领悟力、政治执行力。

这是应对新时代新征程前进路上的风浪考验、推进中国式现代化的有力举措。一个国家走向现代化，既要遵循现代化一般规律，更要符合本国实际，具有本国特色。党的十八大以来，我们党在深入扎实的调查研究基础之上，不断深化对中国式现代化内涵和本质的科学认识，准确把握中国式现代化的中国特色、本质要求和重大原则，勇于实现理论和实践上的创新突破，成功推进和拓展了中国式现代化。实践证明，中国式现代化走得通、行得稳，是强国建设、民族复兴的康庄大道。推进中国式现代化是一项前无古人的开创性事业，必然会遇到各种可以预料和难以预料的艰难险阻。在全党大兴调查研究，有助于我们深入研究和准确把握前进道路上的风险挑战，坚持底线思维、增强忧患意识，居安思危、未雨绸缪，时刻准备经受风高浪急甚至惊涛骇浪的重大考验，通过顽强斗争打开事业发展新天地。

这是时刻保持解决大党独有难题的清醒和坚定、回答"六个如何始终"的现实需要。调查研究是我们敏锐把握世情国情党情的深刻变化，深入推进全面从严治党，探索和解决"六个如何始终"的大党独有难题的内在要求。在全党大兴调查研究，有助于我们坚守党的理想信念宗旨，密切党同人民群众的血肉联系，始终不忘初心、牢记使命；有助于我们通过对实际情况的了解，增加共识、减少分歧，始终统一思想、统一意志、统一行动；有助于我们克服本领恐慌，与时俱进增强服务群众和推动高质量发展本领，始终具备强大的执政能力和领导水平；有助于我们弘扬艰苦奋斗优良作风，勇于担当作为，始终保持干事创业精神状态；有助于我们接触实际、了解实情，坚持真理、修正错误，始终能够及时发现和解决自身存在的问题；有助于我们刀刃向内、自剜腐肉，激浊扬清、固本培元，始终保持风清气正的政治生态。

这是转变工作作风、密切联系群众、提高履职本领、强化责任担当的有效途径。党的作风是党的形象，是观察党群干群关系、人心向背的晴雨表。江山就是人民、人民就是江山，打江山、守江山，守的是人民的心。开展调查研究，是坚守党的根本政治立场和根本宗旨、践行以人民为中心的发展思想的客观需要，是坚持人民至上、紧紧依靠人民、不断造福人民、牢牢植根人民的生动体现。在全党大兴调查研究，有助于强化党员干部的忧民、爱民、为民、惠民之心，推进作风建设常态化长效化。广大党员干部特别是领导干部通过深入基层调查研究，能够增强履职尽责所需要的各方面本领，在摸清情况的基础上提出富有针对性的发展举措，以优良作风把制定的科学目标和工作蓝图变为现实。

调查研究要讲究科学方法

当前，全党上下调查研究的氛围日益浓厚，广大党员干部积极开展调查研究，取得了很多既有理论价值又有实践意义的调研成果。但也有少数党员干部对调查研究工作不以为然，甚至采取敷衍塞责的态度来应付了事；有的在调查研究中搞形式主义、官僚主义，走过场、华而不实，"身入而心不至"，无法发现真正存在的问题；有的不大愿意或不大会调查研究，只按规定路线走马观花，看精心准备的样板；有的嫌麻烦、图省事，满足于看照本宣科的汇报材料，以"纸对纸"取代"面对面"，等等。这些有调查不深入、有研究无方案、有调研无效果的伪调查研究，非但不能发现问题、解决问题，反而会增加决策失误和贯彻落实的风险，必须引起高度警觉。

马克思主义认识论是我们分析问题、解决问题的锐利武器，是开展调查研究必须遵循的科学认识论。我们必须善于运用马克思主义认识论研究新情况、解决新问题、总结新经验、探索新规律，更好地开展调查研究。

牢固树立正确的政绩观。调查研究是我们党联系群众的重要手段，是我们开展工作的科学方法。但是在一些人看来，调查研究就是让别人知道自己在调查研究、在忘我工作、在深入基层、在接触群众。习近平总书记深刻指出："显然，这其中有个导向问题。有的人觉得无声无息、埋头苦干，最后得不到认可。要想得到认可就要出头露脸，最后变成出头露脸就是工作、就是政绩，这是私心杂念在作怪。"

党员干部要充分认识到，开展调查研究是为了掌握第一手材料，从基层获得第一手信息，掌握真实情况，形成真知灼见，以利于作出正确的决策、贯彻落实好上级部署、有效推动本地区本部门工作。这才是调查研究的真正目的和意义所在。决不能把调查研究作为留声留影、出镜露脸的途径，作为沽名钓誉、突出自我的手段。广大党员干部特别是领导干部要扑下身子察实情、谋实招、干实事、求实效，在调查研究中不断提高领导水平和工作能力。

始终以实事求是的态度开展调查研究。开展调查研究，一刻也离不开实事求是。调查研究是为了把客观规律认识得更深一些，把真实情况掌握得更多一些。从发现问题到解决问题，中间环节是认识问题。只有坚持实事求是，才能正确认识问题，找到解决问题的答案。如果搞本本主义、教条主义，调查研究很容易沦为"作秀"，更求不出客观规律之"是"。

能不能、敢不敢坚持实事求是原则，不仅是水平问题，更是党性问题。调查研究是一门科学，必须坚持以科学的态度、严谨的作风开展深入扎实的调查研究。调查研究必须如实反映客观情况，有一是一、有二是二，既报喜又报忧，真正做到不唯书、不唯上、只唯实，切忌浮光掠影、主观臆断，力戒虚报浮夸、搞花架子。有的党员干部下去调研，喜欢去一些条件好、工作干得出色的地方，不愿去一些困难多、问题多的地方，这就完全违背了调查研究的宗旨。习近平总书记强调，调查研究"既要到工作局面好和先进的地方去总结经验，又要到困难较多、情况复杂、矛盾尖锐的地方去研究问题，特别是要多到群众意见多的地方去，多到工作做得差的地方去。"在调查研究中，要把重心放在听真话、察实情上，使制定的决策、提出的方案有根有据、符合实际。

自觉运用系统观念开展调查研究。系统观念是辩证唯物主义的重要认识论和方法论，是具有基础性的思想和工作方法。系统观念要求我们从整体上、全局上观察事物，全面地而不是片面地、系统地而不是零散地、普遍联系地而不是单一孤立地分析问题。在实际工作中，一些党员干部不善于运用系统观念，导致调查研究的效果大打折扣。比如，有的习惯于坐而论道，关起门来听汇报、看材料，甚至根据传闻来分析情况并提出解决问题的措施，这是理论脱离实际的表现。有的"眉毛胡子一把抓"，不仅耗费精力，而且往往不得要领、难以深入，这是不善于抓主要矛盾和矛盾的主要方面的表现。有的寄望于一次调查研究就能解决所有的问题，期望在某一个时间段或者某一条件下得出永恒不变的结论，这是不善于运用发展的观点开展调查研究的表现。

必须坚持系统观念，具体问题具体分析，对纷繁复杂的客观现象去粗取精、去伪存真，进行由表及里、由此及彼的分析，科学总结实践经验，不断探索事物的本质和内在规律。要做到统筹兼顾，把握好全局和局部、当前和长远、宏观和微观、主要矛盾和次要矛盾、特殊和一般的关系，前瞻性思考、全局性谋划、整体性推进各项工作。要坚持辩证思维，善于运用普遍联系的、发展变化的、矛盾运动的观点研究事物，通过历史看现实、透过现象看本质，着力把握事物运动变化的特点及趋势，不断研究新情况、获得新认识、解决新问题。特别是要注重抓住典型、解剖"麻雀"，以小见大、见微知著，拿出有针对性的结论和办法来。

真正坚持问题导向开展调查研究。坚持问题导向是马克思主义的鲜明特点。问题是时代的声音，是引导调查研究的第一信号。调查研究决不能回避问题。对问题视而不见，是无益于解决问题的。在调查研究中，一些人口头坚持问题导向，但实际做法却是违背了问题导向原则的。比如：有的将问题导向表面化了，只看到问题的表象，不去深挖问题的根源，急匆匆开出治标的"偏方"；有的将问题导向片面化了，只是就事论事，只看到问题的本身，头痛医头、脚痛医脚；还有的对可能出现的新情况预估不足，往往造成"旧弊未除、新弊又生"。真正的问题导向，必然是与效果导向、目标导向、结果导向相一致的，必须体现到实实在在的效果上。

坚持问题导向，找准问题十分重要。抓问题不准，就会影响到解决问题的成效。只有认真检视反思，把问题找实、把根源挖深，才能达到正本清源、标本兼治的效果。查找问题时，切忌"大而空"，更不能浮在半空"想当然"。分析问题时，应触及问题产生的深层次原因，多从思想观念、工作作风、体制机制等方面深入剖析。开展调查研究，要紧盯问题，摸清实情，分析症结，研究提出解决问题、改进工作的思路和措施，做到问题不解决不放手、解决不彻底不放松。

提高调查研究实效

广大党员干部特别是各级领导干部，要坚持做好调查研究这篇大文章，着力提升调查研究实效，真正把调查研究这一最基础的工作做深做透做实。

提高调查研究实效，必须坚持党的群众路线。习近平总书记指出，"开展调查研究就是走群众路线"。调查研究要注重实效，使调研的过程成为加深对党的创新理论领悟的过程，成为保持同人民群众血肉联系的过程，成为推动事业发展的过程。

历史唯物主义的基本原理告诉我们，人民群众总是在社会矛盾的运动中不断开辟前进的道路，也总是从历史活动的实践中不断寻找、揭示和发展指导自己前进的真理。人民群众的社会实践活动既是我们调查研究的对象，又是我们获取正确认识的不竭源泉，更是我们检验和深化认识的客观依据。坚持调查研究是党员干部践行党的群众路线的一个重要方式。调查研究的过程实际上就是从群众中来、到群众中去的过程。政策举措、实施成效好不好，是不是符合实际，人民群众感受最直接、体会最深刻。有的党员干部虽然深入到了基层但仍然发现不了真问题，表面上看是调研方法不对路，实质上还是对群众的感情不到位，没有很好地贯彻党的群众路线。

习近平总书记深刻指出："密切联系群众的一个重要方面，就是大兴调查研究之风。"必须紧紧依靠人民群众开展调查研究。党员干部要坚持拜人民为师、向人民学习，放下架子、扑下身子，深入田间地头、厂矿车间以及社区学校，学会做群众工作的方法，从基层实践找到解决问题的"金钥匙"。在调查研究过程中，既要"身入"更要"心到"，善于"问问家长里短事，听听鸡毛蒜皮言"，接地气、通下情，和人民群众打成一片，真诚倾听群众呼声、真实反映群众意愿、真情关心群众疾苦，不断增强人民群众的获得感、幸福感、安全感。

提高调查研究实效，必须深化对策研究。对策研究是调查研究的"后半篇文章"。做好调查研究工作既要重调查、又要重研究，调查是前提、研究是提升，二者相辅相成、缺一不可。只作调查而不进行研究，就会事倍功半，陷入只见树木、不见森林的误区。只进行研究而不开展调查，就掌握不到真实的情况，陷入脱离实际的境地，结果只能是纸上谈兵、空中楼阁。调查要深入基层一线、广泛搜集第一手材料，研究则要通过对材料进行分析、综合、比较、概括和判断，形成理性认识。开展调查研究，绝不能满足于知道"是什么"，更要通过精准获取材料、分析信息，去研究背后的"为什么""怎么办"。

现实生活中，一些党员干部不善于在调查的基础上深化研究、提出对策方案。有的浅尝辄止、以偏概全，草率地下结论、做判断。有的调查多研究少、情况多分析少，提出的对策建议脱离客观实际。有的过于重视撰写和提交调研报告而忽视真正解决问题，有的过于关注上级要求而忽视人民群众的呼声，这样的调研成果缺乏针对性、可操作性，报告虽然写得洋洋洒洒，实际效果却不佳。必须认识到，只有将调研成果及时运用到推动经济社会发展的实践中，运用到人民群众的生产生活中，才能增强针对性、有效性和精准性，才能取得实实在在的成效。

党员干部要加大研究力度，在分析问题时要穷根究底，在把握规律时要努力攻关，在提出办法时要反复论证，在制定方案时要不断优化，避免浮在上面、大而化之。党员干部特别是领导干部要结合实际、因地制宜，善于将经过充分研究、比较成熟的调研成果及时上升为决策部署，转化为改进工作的具体措施，推动矛盾和问题的解决。调查研究得来的成果运用于实践后，还要及时跟踪评估、动态反馈，根据实际效果决定是否作出调整完善。

提高调查研究实效，必须力戒形式主义、官僚主义。调查研究中的形式主义，主要表现为花拳绣腿、不求实效，贪图虚名、弄虚作假，本质上是主观主义、功利主义作祟，用轰轰烈烈的形式代替了扎扎实实的调研。调查研究中的官僚主义，主要表现是脱离群众、高高在上，唯我独尊、漠视现实，本质上是封建残余、官本位思想作祟，盲目依赖个人经验和主观判断。形式主义、官僚主义是违背党的初心使命、动摇党长期执政根基的顽瘴痼疾，是调查研究的大敌，必须以彻底的自我革命精神加以克服和解决。

当前，党员干部下基层调研的意识强了、频率高了，但也出现了一些值得警惕的倾向。习近平总书记对调查研究中的一些不正确现象进行了入木三分的刻画，对一些不正确做法多次提出了严肃批评。他指出，调查研究千万不能搞形式主义，不能搞浮光掠影、人到心不到的蜻蜓点水式调研，不能搞做指示多、虚心求教少的钦差式调研，不能搞调研自主性差、丧失主动权的"被调研"，不能搞到工作成绩突出的地方调研多、到情况复杂和矛盾突出的地方调研少的嫌贫爱富式调研。要防止为调研而调研，防止搞"出发一车子、开会一屋子、发言念稿子"式的调研，防止扎堆调研、"作秀式"调研。

必须把整治形式主义、官僚主义摆在突出位置来抓，以良好作风推动全党大兴调查研究之风。要加强调研统筹，避免扎堆调研、多头调研、重复调研，不增加基层负担。要注重实效，不搞"作秀式"、"盆景式"和"蜻蜓点水"式调研，防止走过场、不深入。要采取"四不两直"方式，多到困难多、群众意见集中、工作打不开局面的地方和单位开展调研，防止"嫌贫爱富"式调研。党员干部要把更多的心思倾注在调查研究中，用更多的时间蹲在基层、深入一线，用更多的精力了解民情、掌握实情，搞清楚问题是什么、症结在哪里，拿出破解难题的实招、硬招。

（摘编自《中国纪检监察报》2023年4月20日）

蒋来用

中国社会科学院大学教授、中国廉政研究中心秘书长、社会学研究所廉政建设与社会评价研究室主任

调查研究重在听真话

在影响调研质量和效果的因素中，最为重要的是实事求是的思想路线执行不到位

调查研究是我们党做好领导工作的重要"传家宝"，也是我们党一贯坚持的工作方法。毛泽东曾提出，"没有调查，没有发言权"。调查研究是谋事之基、成事之道，习近平总书记多次强调要在全党大兴调查研究之风，提出"没有调查就没有决策权"。

调查研究地位重要，但调研作用的有效发挥取决于调研的质量。调查研究实践中，有的部门和单位的调研数量很多，投入大量经费，耗费精力时间不少，产出的调研报告较多，但可以解决问题的成果较少，调研投入和产出不成比例。有的"走马观花"，敷衍了事，习惯于听汇报、看材料、做样子，形式主义比较严重。有的调研变成了工作检查，高高在上，俯不下身，自觉高人一等，缺乏认真聆听的耐心，官僚主义比较突出。有的调研本领不高，调研能力欠缺，调研准备还不充分，缺乏深入思考，不能透过现象看本质，调研方式方法不合理，发现不了真问题，更找不到问题症结所在。影响调研质量和效果的因素很多，但最为重要的是实事求是的思想路线执行不到位。班固撰写的《汉书·河间献王刘德传》就提出了"修学好古，实事求是"，唐代训诂学家颜师古注解为，"务得事实，每求真是也"。

实事求是是党的思想路线，是中国特色社会主义理论的哲学基础。在1938年党的扩大的六届六中全会上，毛泽东提出，"共产党员应是实事求是的模范""因为只有实事求是，才能完成确定的任务""共产党不靠吓人吃饭，而是靠马克思列宁主义的真理吃饭，靠实事求是吃饭、靠科学吃饭"。实事求是是党性的表现，是理论和实践相统一的马克思主义的作风，是一个共产党员起码应该具备的态度。但在调查研究过程中，一些党员干部背离了这条思想路线和党性原则，其中一个突出的表现是在调查研究中不讲真话、听不到真话。要提升调查研究的质量，争取达到有调查权和决策权的效果，需要健全听真话、讲真话的机制，用恰当方式方法让人讲真话。

调研人必须想听真话

讲真话难，一个重要的原因是不愿听真话。语言交流是一个信息互换的过程。你喜欢听什么话，人家就喜欢与你谈什么。虽然"察言观色""鉴貌辨色"等词语带有贬义色彩，但从人与人沟通交流基本常识而言，如果双方谈话"牛头不对马嘴"，就必然"话不投机半句多"。双方谈话的观点、意见、表情、手势等都非常不一致、不能相互配合，沟通就难以进行下去，就会尴尬地草草收场。经验告诉我们，大多数人都喜欢听好话，因而大多数人也都喜欢讲好话。相互迎合、吹捧、表扬与肯定在人与人的沟通交流中使用频率和比例非常高，成为人们生活的常态。日常交流中，彼此相互批评虽然也会看到，但并不多见。越是在和平安稳的环境下，由于共同面临的忧患和危机较少，个人的集体意识和集体危机感相对减弱，有"乡愿"想法的人自然会增多，好人主义比较流行，社会的话风更为柔和，即使个人的行为不利于公共利益或者损害集体利益，大家都不愿撕破脸皮，要么说话都很"客气"和"友好"，要么缄默其口、是非不论。在集体性的表面友好情境下，愿意讲真话的人会减少，因为讲真话面临很大的压力和危险，不仅仅会得罪人，而且可能会陷入孤立。

但调查研究是国家治理和社会管理的重要工作，不同于一般的人际交往。因为这项工作完全是为了公，而不是出于私。调查研究是为了摸准实情，找到问题的症结，然后再提出解决问题的方案，为的是更好地做好管理工作，提供更好的公共服务和产品。调查研究除了实地考察等方式之外，必须与不同的人进行座谈、访谈、聊天对话。物品资料、现实场景之外，语言可能是调查研究接触最多的东西。调查研究过程中要听到很多人说话，话有真有假，有实有虚。即便听到的是真话，但有的真话是正确，有的则可能是片面的。对于调研者而言，多听真话肯定比多听假话、虚话好。调查对象说的话是否被采纳，由调研人来决定，但说不说真话，则由被调研人说了算。只有允许被调研人讲真话，调研人才有更多了解实情的机会和可能。因此，调查研究要想达到效果，必须听到真话。良药苦口利于病，忠言逆耳利于行。调查研究的人要想多听到真话，必须自己喜欢听真话才行。因为真话实话不仅"味苦"而且常常"带刺"。有的真话还会触碰到一些人的利益，影响一些干部的政绩。只有本着公心，如同王阳明所言，去私欲、存天理，把人民的利益，国家和集体的利益放在心头，做好研究无禁区、宣传有纪律的区分，调研座谈言者无罪无过，调查研究才能听到真话和实话，也才能摸到实情。如果调研的人心里自己设了防线，不愿意听与自己的想法和意见不同的声音，在调研座谈时不停打断说真话的人的发言，调查研究就会流于肤浅，甚至变味变质，失去意义。

调研必须找准讲真话的人

调查研究成功离不开讲真话的人。讲真话的人必须同时具备两个条件，一个是主观上想讲、敢讲真话；另一个是客观上能讲、会讲真话。调查研究遇到的人可能很多，但真正主客观上都符合这两个条件的人并不是很多。有的知道问题所在，能讲真话，但不愿意讲真话，生怕得罪人，给自己惹来麻烦。有的不了解工作实情，主观上愿意讲真话，但无真话可讲。不论是哪一个情况，对于调研而言，没有找准人，调研目的就会难以达到。因此，找到了解情况愿意讲真话的人，这是调查研究之前必须做的准备工作，也是调研的关键环节。

"找人"的办法较多，可以通过基层组织，也可以通过朋友介绍。但作为调研者，必须要扎实做好准备工作，一个比较简单并且有效的办法就是利用网络和数据库"找人"。针对调研问题，可以利用中国知网、读秀、人民日报等数据库，上百度、搜狐、360等搜索网站查找相关的论文、文章、著作、报道等，了解调查研究的问题背景、现状、症结等，熟悉研究有关问题的专家和人员的主要观点和研究方法，对工作实践做得好的地方和单位也做到心中有数，然后才能有针对性地找人座谈、进行访谈，安排实地调研和考察等。

调研者必须以问题为导向，对问题真"懂行"，能够辨别真假虚实，不会被随便忽悠应付，调研时要清晰表明听真话、实话的态度，践行求真务实的精神，对于说虚话、套话、空话、假话的发言要及时打断。只要调研者认真，作风扎实，被调研单位就会安排敢讲真话、会讲真话的人座谈，调研对象就会放得开，没有负担和包袱。到地方和部门组织调研，召开座谈会，要相信单位和组织，需要听取领导班子和领导干部的意见和建议，但要注意防范"一言堂"的现象，除了主要领导自由洒脱发言之外，应避免其他人员只陪会不发言，或者噤若寒蝉，看领导脸色、神色讲话。要创设合适的情境和条件，让基层干部和群众有讲真话、实话的机会，按照中央八项规定精神，减少层层陪同，多与基层干部群众座谈交流。

用恰当方式方法让人讲真话

真话本来是人们对客观事实的真实描述和自然反应。调研中的形式主义是阻碍真话进入调研者耳朵的主要原因。中央八项规定颁布实施后，张贴悬挂标语横幅、铺设红地毯等现象基本消失，但调研"走马观花""蜻蜓点水"却依然存在，调研现场成了"秀场"，"演戏式"调研在一些地方仍然存在。有的地方为了迎合上级调研，投巨资打造"花瓶""盆景"式的农村和社区，设计安排"规定路线"，有的甚至进行预演、排练，将一些干部装扮成基层群众。"嫌贫爱富"的调研帮了极个别的"点"和"线"，但苦了大部分差的"面"，有的贫困农村长期得不到领导的调研，因而得不到资金和项目，发展比较落后。调研组被牵着鼻子跑，全部是定点和规定动作，形式主义难以避免，也就自然难听到真话实话。避免和减少调研走过场，必须多考虑"自选动作"，定点与随机要结合，充分掌握调研方案设计的主动权，对定点过多的安排要及时提出并调整。

问题就是任务和目标，问题导向是调研者应有的基本素养。调研必须要带着问题，向实践学习，向群众请教，而不是高高在上、自以为是，让主观主义左右自己的头脑和手脚。调研既要看成就和经验，更要找问题和解难题。因此，越是群众意见多，社会矛盾多，工作做得差、条件十分艰苦的地方，越是调研要经常去的地方。但有的地方领导并不愿意上级尤其是中央单位人员过于深入地调研，尤其是对随机性访谈、问卷调查等缺乏信心，倍加防范，生怕揭了"锅盖"丢了丑，现了"原形"。有的地方盼着上级单位和领导去调研，但有的地方却对调研很厌烦和反感。由于形式主义和官僚主义作怪，经常接待调研的地方和单位往往苦不堪言、负担沉重。真情、真话本来就在那里，调研准备应在平时而不是临阵磨枪。为了迎接上级单位的调研，从接到调研通知和知道消息开始，就加班加点准备材料数据、安排汇报接待，地方领导亲自出席座谈会和陪同调研，生怕冷落了调查人。基层的这种"热情"做法完全是被一些干部不实调研作风问题逼出来的，不得不准备一大堆"空话""套话"，跟着搞了不少形式主义。

要改变这种局面，必须扭转颠倒的调研准备方式，调研者必须精心准备，但被调研对象则不用过多的准备，要让"没打招呼，直接就来了""感到很意外"成为常态，防止"伪饰成风"。座谈会、实地考察等传统手段要使用，但要弥补"蜻蜓点水"式调研的不足，经常采用蹲点调查、挂职锻炼等方式，扑下身子，沉到一线，深入基层。中央和省直机关必须定期安排党员干部到问题多、矛盾多、条件艰苦地区调研，找到问题产生的原因和解决问题的办法。要发挥好智库的作用，将一些调研任务委托给第三方智库进行，运用田野调查、问卷调查等方式方法，尽量多地占有一手信息和材料，扩大调查接触面，多侧面、多层次、多方式听真话，摸准实情。

积极营造讲真话的环境氛围

社会环境改造人。有什么样的社会就会有什么样的人。能够自由轻松讲真话的社会，讲假话、做假事就难以立足。诚信社会是一个讲真话受到激励、说假话遭到惩罚的社会。诚实、不要说谎，几乎是所有父母和老师教育孩子必须遵守的伦理道德，但在孩子长大成人进入社会之后，不少人编造种种理由撒谎以争取各种利益和机会。不讲真话成为当前我国社会道德建设中的突出问题。家庭和学校诚信教育效果在社会现实中被消解，表明我国社会诚信机制建设存在较为严重的问题。讲假话、做假事可以占到便宜，讲真话、干实事却会吃亏。因此，必须抓紧完善社会诚信体系建设，让遵纪守法、诚实守信得到便利和激励，让各种弄虚作假的行为付出沉重的代价。一旦诚信赏罚机制健全，就会形成一个强有力的倒逼机制，影响并改变人的思维方式，求真务实就会成为习惯，讲真话也就顺其自然。

讲真话是政治生态良好的重要证明，表明实事求是的思想路线得到坚持和落实，也说明民主活泼的氛围非常浓厚。扭转不讲真话的风气，党员干部必须带头，以党风影响政风、带动民风。中央层面开始实施的向宪法宣誓制度应该逐级推行，所有公务员任职都应进行宪法宣誓，将"忠于中华人民共和国宪法""忠于祖国、忠于人民"等转化为具体言行，讲真话，干实事，恪尽职守、廉洁奉公，接受人民监督。将讲真话纳入"三严三实"活动中，让党员干部经常"照镜子"，开展批评与自我批评，对唱高调、说空话的要坚决予以抵制和批评，对讲假话、不诚信的行为要进行调查处理。媒体是干部和群众沟通的桥梁，在营造讲真话的氛围中发挥着重要的作用。媒体宣传报道要坚持讲真话，不能报喜不报忧。聚焦民生"痛点"、治理"难点"、政策"堵点"，继续办好"群众来信""焦点访谈"等栏目，畅通信访举报电话和网站，让群众讲真话、反映问题有渠道，并且渠道非常通畅。

（摘编自《人民论坛》2018年8月上）

| 第 二 辑 |

调查研究能力是做好工作的基本功

周文彰

原国家行政学院副院长

调查研究能力是做好工作的基本功

调查研究是做好工作的前提，调查研究能力是必备的基本功，是领导干部素质和水平的体现。习近平总书记十分重视领导干部的调查研究能力，在他提出的中青年干部要提高的"七种能力"中，"调查研究能力"的提高被摆在非常重要的位置。然而，我们也常常发现，面对当前我国发展中面临的复杂环境，一些年轻干部不知怎样认识调查研究，对于怎样提高自己的调查研究能力也找不到门路。

要提高调查研究能力，就要弄清楚为什么要调查研究。千言万语，说到底就是一句话，是为了做到从实际出发。因为只有从实际出发，我们制定的方案、发展思路、远景规划才有成功的可能。如果从本本出发，从主观愿望出发，从过去的或别人的经验出发，即使获得一时成功，也只是侥幸或偶然而已，不可能复制。电影《渡江侦察记》反映的就是中国人民解放军为了渡江战役的成功而进行的调查研究——"侦察"，目的是透彻地搞清楚江南的防务，比如，工事状况、兵力安排、炮火布防、阵地位置等等。如果对这些情况一无所知，渡江战役就只能是一场盲目的、碰运气的战役，绝少有胜算的可能。毛泽东非常注重调查研究，最著名的而且最有影响的，就是他的《湖南农民运动考察报告》。正因为非常重视调查研究，所以在党的早期领导人照搬照套别国经验而碰得头破血流的情况下，毛泽东才能够正确地提出中国革命一定要建立农村革命根据地、以农村包围城市、最后武装夺取城市这样一条战略思路。实践证明，这是中国革命的成功之路。为了解决当前我国面临的各种问题，习近平总书记总是亲自调查研究，足迹遍布机关学校、厂矿企业、山村农户、军营边防，一再叮嘱领导干部特别是年轻干部提高调查研究能力，这是谆谆告诚，也是殷切希望。我们不否认，掌握实际情况往往有很多的途径和方法，比如，听汇报、看材料、委托调查研究等等。但是要掌握实际情况，作出符合实际的决策，仅仅停留于此甚至依赖这些做法，是非常不够的。领导干部一定要亲自调查研究，坚持到群众中去，到实践中去，了解和掌握第一手情况，倾听基层干部群众所想所急所盼。只有这样才有发言权；没有调查，哪能有发言权？

那么，应该怎样进行调查研究呢？这里涉及两个问题，一个是态度，一个是方法。上级要求调查研究，于是就下去"走过场"，走马观花，蜻蜓点水，这便是严重的态度问题——调查研究变成了装门面、做样子，既是官僚主义，也是形式主义。态度不端正，就谈不上有科学的方法，调查研究就不可能了解到真实的情况，也听不到真话。正确的态度是，调查研究是出于掌握情况、做好工作的愿望，是责任的推动、党性的驱使。态度端正了，调查研究的结论是不是就一定正确呢？不一定！因为调查研究还需要科学的方法和较高的思维水平。道理很简单，因为"眼见不一定为实"。比如，为了制定一个地方的发展战略，不同的领导去调研，结论却可能大相径庭：工业经济口的领导往往重视的是丰富的矿产，主张优先发展工业；而农业经济口的领导更看重肥沃的土地、丰富的水源等自然禀赋，主张优先发展农业；旅游经济口的领导则主张优先发展旅游业，因为这里有美丽的湖光山色、底蕴深厚的文物古迹……同样的调查研究，为什么三种类型的领导会提出三个不同的方案呢？就是因为调查研究的过程是我们人的大脑主观状态跟外部世界相互作用、相互对话的过程，因此，知识背景、动机愿望、工作责任等等不同，人的眼睛所看到的、大脑所想到的就很不一样。调查研究不能以偏概全，不能挂一漏万，更不能以自己的主观好恶而随意取舍材料，而要客观、全面、深入、公正，多看实地，多听各方面的意见。特别是，对调查得来的大量材料和情况要认真研究分析，像毛泽东所说的那样进行一番"去粗取精、去伪存真、由此及彼、由表及里"的"改造制作功夫"，才能形成比较正确的调查结果。

接着就是如何对待调查研究的结果。这是关系到调查研究的价值能不能实现的重大问题。调查研究的结果应当及时转化为决策部署，转化为具体措施、实际行动，切忌束之高阁。如果调查研究的结果不足以成为决策依据，就要在更深入、更广泛的层次上再次进行调查研究。总之，情况不明，绝不决策。对已经成为决策部署的，要及时跟踪评估，视情况调整，直到使之符合客观实际、符合发展规律、合乎人心民意。

调查研究能力是一种与实际密切相关的能力。既然我们只能"在游泳中学习游泳"，那么，我们也只能在调查研究中提高调查研究能力。只有通过深入实际调查研究，不断反复学习总结，才能够逐步提高自己的调查研究能力。

（摘编自《人民政协报》2021年11月4日）

刘应杰

国务院研究室信息研究司原司长

关于调查研究问题

今天来国务院参事室培训班，讲一下关于调查研究问题。国务院参事室经常围绕党和政府关心的重大问题，开展调查研究，提供决策咨询和政策建议，发挥着重要作用。国务院研究室与参事室关系很密切，经常看到参事室的调研成果。国研室主要是为国务院领导同志服务，从事政策研究和决策咨询工作，调查研究是其中的一项重要内容。这里，我结合自己的调研工作感受和体会，谈一些看法，与大家一起交流。

第一个问题：调查研究是行政工作的基本功

调查研究是一项基本的工作方法。行政部门制定政策、布置工作、检查落实任务等，都涉及调查研究问题。习近平总书记指出："调查研究是谋事之基、成事之道。"他还指出，调查研究不仅是一种工作方法，而且是关系党和人民事业得失成败的大问题。重视调查研究，是我们党在革命、建设、改革各个历史时期做好领导工作的重要传家宝。调查研究的过程，是领导干部提高认识能力、判断能力和工作能力的过程。领导干部不论阅历多么丰富，不论从事哪一方面工作，都应始终坚持和不断加强调查研究。学习和掌握正确方法，努力提高调查研究水平和成效。

毛泽东有句名言："没有调查就没有发言权。"他说："你要知道梨子的滋味，你必须亲口尝一尝。"《毛泽东选集》第一卷开头两篇，一篇是《中国社会各阶级的分析》，一篇是《湖南农民运动考察报告》，都是调查研究的经典之作，回答了中国革命的根本问题，即革命的领导力量、团结对象和同盟军问题。没有这些思想理论认识，就不可能有农村包围城市的中国革命道路。

调查研究具有普遍适用性。人们一般在生活中也经常进行调查研究，这实际上也是了解情况、分析比较、作出判断、最后决策的过程。比如，我们到商场买鞋子，你要问清品牌、型号、质量、价格等，要跑好几个商店、好多个柜台才会决定买，这样你才会买到最合适的鞋子。买一套房子更是这样，你要跑很多地方去看，考虑距离远近、周围环境、房间大小、结构、质量，更重要的是价格，还有付款方式、办理手续、交付时间等，都要搞清楚才会出手。一个人找对象，要进行选择、比较、深入考察，广泛征求意见，最后作出决定。这些工作做不好的话，可能会影响一辈子。甚至炒股票，不但要调查，更重要的是研究，哪只股票好，上涨的空间有多大，拥有哪个行业的股票，股票结构如何配置，确定什么时机出手，等等，都要考虑和决定。这些真正调查研究透了不容易，因为受到影响的因素很多，变量太大，相互交织在一起，还有信息的不对称性。

许多工作也都与调查研究密切相关。比如，公安刑侦破案，需要周密的调查研究，特别是寻找证据和推理判断。纪检干部办案，需要调查研究，作出分析判断。医生看病诊断，实际上也是调查研究的过程，特别是疑难杂症，要详细地了解病情状况，具备丰富的医学知识和经验，进行科学的研究，才能得出正确的结论。

对于政府部门的工作更是如此。各个部门都需要经常进行调查研究，了解分析各方面的情况，及时提出政策建议，发现问题和解决问题，推动工作进展和政策落实。比如，我们出一个调研题目：北京市大气污染今年与去年相比有什么变化？是变好了还是变坏了？有多大变化？分析为什么？找到解决问题的办法。还有，如何治理北京的交通堵塞问题？这些都是具体的问题。还有比较大的问题，如中国下一步改革的突破口在哪里？如何推进土地管理制度改革？如何推进金融体制改革？等等。如果是这样的调研题目，如何进行调研才能取得预期成果？

这里我们要提出一个调查研究本身的问题：人们在日常生活和工作中都涉及调查研究，那么是不是每个人只要具有生活常识和工作经验，就可以搞好调查研究了呢？也不是的。一般性调查研究不同于科学的调查研究，这就涉及了常识与科学的区别。国外社会学专业有一门课专门讲社会调查研究方法，有一个教授刚上课时他就进行了一次考试，题目很简单，是关于自杀问题。因为社会学史上有一本经典著作，就是法国著名社会学家迪尔凯姆的《自杀论》，是专门研究自杀问题的。这个教授考试的题目是：

你认为男人自杀的多还是女人自杀的多？年轻人自杀的多还是老年人自杀的多？农村人自杀的多还是城市人自杀的多？生活富裕的人自杀的多还是生活贫穷的人自杀的多等等，一共20多个判断题。结果大大出乎人们的意外，人们平时以为正确的东西反而不少是错误的。比如，大量的调查研究证明，生活富裕的人和生活贫穷的人在自杀上没有显著区别，反而在调查中发现了一个有意思的现象，就是在各种社会群体中有一个群体的自杀率是最低的，人们一般想到的是宗教群体，结果是什么？乞丐，真正的一无所有的乞丐，不是骗吃骗喝的乞丐骗子。教授进行这个考试，就是为了说明，虽然人们都在社会中生活，如果没有进行系统科学的调查研究，仅仅凭借常识和经验作出判断，有时候可能是正确的，但并不往往都是正确的，涉及复杂的问题甚至可能还是错误的。

一部科学发展史，就是一部发现真理、纠正谬误的历史。在很大程度上，也是彻底改变人们日常生活常识和经验的历史。最突出的例子，就是哥白尼发现的"太阳中心说"。人们几千年来都是亲眼见到太阳从东边出来，到西边落下去，太阳是绕着地球转的。但哥白尼通过大量精确观测和科学研究，提出了一个真正颠覆性的完全相反的见解，地球是绕着太阳转的，这在当时是够惊世骇俗的了。罗马天主教廷认为这违反了《圣经》，对他进行迫害。后来，布鲁诺宣扬哥白尼学说，也被教会活活烧死。可见，为了获得真理需要冲破多么大的阻力，付出多么大的代价。

科学不同于常识，科学的调查研究也不同于一般的调查研究。其区别主要表现在：一是常识往往看到的只是事物的表面现象，而没有达到对事物的本质认识，而本质的东西有时候可能被表面的现象所掩盖。二是常识往往容易认识简单现象，而不大容易认识复杂现象，对于非常复杂的现象则必须进行科学系统的观察和研究。三是常识往往看到的只是偶然现象，经验再多也总是有限的，难于穷尽无限的可能性，科学则达到了对事物的普遍性认识，不会被偶然现象所左右，从而达到认识规律性的高度。

因此，我们讲调查研究，就不能局限于一般性的调查研究，而要达到科学的调查研究的水平，把它作为一种科学研究的方法。从这个意义上说，调查研究与科学研究是相通的，遵循的是科学研究的一般性规律和方法。建议大家多看一些有关科学研究方法的书，还有调查研究方法、统计分析方法，甚至概率论与数理统计等方面的书。这些都有助于我们加深对科学的调查研究方法的理解。

从事行政工作，虽然经常都在进行调查研究，但真正做好调查研究并不容易，受到主客观各种因素的影响和制约。从个人主观条件来说，需要具备一些基本素质，要有比较扎实的基本功。概括起来，主要有以下几个方面：

一是工作经验。社会阅历丰富，见多识广。古人说："读万卷书，行万里路。"讲的就是知识储备和个人经验。曹雪芹在《红楼梦》中有两句诗说得好："世事洞明皆学问，人情练达即文章。"就是说要有人生阅历、社会经验，经历多了，看人看事就会更全面、更不一样。从事调查研究，还要有对实际情况的熟悉和了解。比如，研究农村问题，要有对农村情况的深入了解。最近看王蒙写的自传《半生多事》，讲他在"文革"时被下放到新疆农村的感受，接触了大量最底层民众，使他对社会实际有了深刻的了解和体悟，成为他一生的重要积累。

二是较高的政策水平。在行政机关搞调查研究，涉及各方面的政策、文件规定等，需要熟悉和了解政策的来龙去脉、形成和变化过程，政策执行中遇到的问题，懂得政策的利弊得失。现在从事行政工作，专业化要求越来越高。行政部门工作的同志，都应该成为一个专家型的干部,成为某一方面、某一领域政策研究的专家。

三是知识面比较宽。我们已进入"互联网时代",新的科技和工业革命带来新知识呈现"爆炸式增长",没有广泛的学习能力就会落后于形势。特别是从事政策研究的同志,更要有广泛的知识面,必须懂经济、懂法律,还要有政治、哲学、科技、文史等多方面的知识,并且能够融会贯通,活学活用。更要善于学习和掌握新知识,比如,人工智能、互联网、物联网、大数据、云计算、虚拟现实、3D 打印等,了解电子商务、移动支付、数字经济、分享经济等最新的发展。

四是有思想,特别是分析判断能力。从事政策研究的人,需要思想比较开阔,善于思考问题,能够出谋划策。"敏于观察,勤于思考。"当然,更高的要求是要有较好的思想理论素养,有对重大问题宏观把握和分析判断的能力。你要把情况和问题搞明白,首先自己必须是一个明白人,看问题比较准,把握问题比较全面,实际上这是与领导能力密切相关的。

五是文字表达能力比较强。要有比较扎实的文字功底和表达能力,文字水平比较高,尤其是遣词造句,懂语法、文法,没有基本的病句错字问题。国务院研究室原主任王梦奎同志专门编了一本书《怎样写文章》，再版了几次，很受读者的欢迎。这本书收录了一些文章大家谈如何写文章、修改文章，也包括党政部门基本的公文格式和要求。我们国务院研究室的同志人手一册，成为一本必备的工具书。

第二个问题：调查研究的基本理论和方法

调查研究的目的，是为了了解实际情况，发现问题和解决问题。

调查研究的方法主要有：全面调查，抽样调查，典型调查，开座谈会等。除了直接调查的方法，还有间接调查的方法，比如，运用网络搜集资料进行再研究。这种方法现在比较常见，尤其是青年人，遇到一个什么问题，首先想到的是上网查资料，在这个基础上研究问题。

行政部门工作，一般比较常用的调查方法，是召开座谈会和进行实地调查。这比较简便易行，可以在较短时间内了解到较多的情况和问题。但也有局限性，主要是座谈会的发言都是有选择性的，有时候不能了解到真实的情况；实地调查只是了解到一个方面的情况，不容易了解到全面的情况。

一般来说，全面调查不大容易，受到很多限制，甚至根本做不到。除了像全国人口普查、经济普查等，常用的大多是抽样调查和典型调查的方法。抽样调查在日常生活中也经常用到，比如，你要知道海水咸不咸，你不用也不需要进行全面调查，不可能把所有的海水都尝个遍，只需要尝一点海水就可以了，因为海水内部的分布是非常均匀的，抽取任何一个样本都有足够的代表性。还有我们经常品尝西瓜甜不甜，尝一尝做的汤咸不咸等，运用的都是抽样调查的方法。你要运用全面调查的方法，既没有必要，事实上也做不到。

抽样调查是一种比较好的调查方法，它介于全面调查和典型调查之间，最大的好处是可以抽取有限的样本，却能够从样本推论到总体情况。其科学推论的理论基础，就是数字上的概率论和数理统计分析。比如，现在比较流行的问卷调查，设计一个比较科学的问卷，运用科学的抽样方法，一般选取几千人的样本，就可以了解到总体的基本情况。典型的如各国选举期间所作的民意测验，美国总统选举一般只抽取几千份选民样本，就可以作出比较准确的选举预测了，其误差可以控制在允许的范围内，除非出现非常特殊的情况，就像特朗普在与希拉里竞选中胜出一样，其实从选民来看支持希拉里的人多过特朗普，只是特朗普赢得了更多州的选举人票。

这里，我们主要结合抽样调查，介绍一些有关调查研究的基本知识。

第一，社会现象的复杂性。我们常说，社会现象比自然现象复杂，复杂在什么地方？主要是社会现象受到的影响制约因素更多，也更为复杂，除了客观因素，还有主观因素。社会现象表现为大量的各种各样的人的活动，而人是有主观能动性的，他受个人情感、意志、思想和观念的支配，其自我选择都是变量因素。我们在调查研究中，往往会遇到这样的问题：调查对象愿不愿意说实话，说到什么程度，说实话对他有什么好处或有什么坏处，这都是他要考虑的问题。就是说，对于同一件事情，由于人们的立场、价值观念、利益取向等不一样，往往会有不同的看法和说法，对于同一个人也会有不同的评价。这取决于他的个人倾向性，最终涉及他的利益关系。我们经常说立场、观点和方法，站在什么立场，就有什么观点。比如，你调查房地产市场问题，房地产商的观点和普通购房者的观点肯定是不一样的，甚至可能是截然相反的。你调查医疗卫生制度改革，部门领导、医院负责人、医生与患者的想法、看法也往往不会是都一样的。那么，客观地选取各方面的调查对象，调查了解到真实的有代表性的情况，就是至关重要的了。

第二，社会现象的随机性。所谓随机性，就是往往表现为大量的偶然现象，也就是偶然性。调查研究就是要在大量的偶然现象中发现规律性，这种规律性不一定是必然性，而是最大限度的可能性，也就是统计规律性。我们经常说人的命运，有时觉得命运好像就是受许多偶然因素支配的，比如，遭遇什么变故，与谁结婚，碰到一个什么人相助等，其实命运说到底就是由大量偶然现象所组成的必然性。这里所说的必然性，不一定就是100%的必然，也可能是80%、90%、99%的必然，是一种最大程度的可能性。这就要运用到数学上的概率论所讲的正态分布和大数定理。比如，最简单的一个例子，有名的"掷钱币试验"。一枚硬币，正反两面，从空中掷到地上，会是正面还是背面？应该说，各有50%的概率。那么你掷10次会是什么结果？有可能5次正面5次背面，也有可能4次正面6次背面，也有可能3次正面7次背面……总之，是带有不确定性的。随着你投掷次数的不断增多，比如，100次、1000次……，它就越来越显示出一个规律性的东西。据说，世界上有人曾经投掷过10000次，结果是有4990多次是正面，有五千零几次是背面，无限接近于50%的概率。实际上，这也表现为自然规律，如生男生女的现象。过去家庭生孩子多的时候，我们经常见到，一个家庭里夫妻两个可能生了5个孩子，3男2女，也可能4男1女，甚至极端的可能全部是男孩，或全部是女孩。它有什么规律呢？如果这个样本足够大，比如，从一个村庄到一个乡镇，再到一个市县，最后到一个地区、一个国家，那么最终呈现出的就是男女比例各占50%的自然规律，当然这中间还会受到自然选择和人为因素的影响。但统计结果表明，人类的男女比例一般是一百零几比100，保持在一个大体平衡的状态。许多社会现象在统计上都呈现正态分布，或偏正态分布，也就是说中间大、两头小，大量的是比较接近普遍性的现象，越往两头的个别现象越少。比如，人们的收入、住房状况、预期寿命、智力高低等，都服从于正态分布，都呈现出统计规律性。

第三，社会现象的模糊性。调查研究，既有定性研究，也有定量研究，现在更多的是把这两种研究有机结合起来，既有对社会现象的数量分析，也有对社会现象的定性判断。这是由事物的特征所决定的，其本身包含有性质和数量两个方面，因此一味强调定性研究或定量研究都是不可取的。在调查研究中，涉及精确性与模糊性的问题，是不是越精确越好？不一定。有时候，可能越精确越不能说明本质问题，而变成了数字游戏。甚至现代数学的发展，也产生了一个重要分支，这就是模糊数学，用数学来研究大量的模糊现象。社会现象带有更多的模糊性，尤其是涉及人们的情感、心理、思想、观点和看法，涉及对人、对社会、对事物的看法和评价，更是这样。我们说一个人判断力很强，往往是来自于大量经验积累基础上的直觉判断，而直觉判断有时是很准确的，能够一下子抓住事物的本质特征。对大量模糊的社会现象的认识，定性分析至关重要，更能够抓住事物的本质特征。举一个简单的例子，比如，让你到会场去找一个人，对这个人描述得很精确，身高1.74米，体重98公斤，头发3500根，可能你找了半天也找不出来，因为你要量一量、数一数。如果说，这个人中等个子、大胖子、秃顶，你马上就可以找出来。为什么？因为在这里定性判断比定量分析更准确地抓住了本质特征。分析研究社会现象，虽然我们说常识并不可靠，有时可能还是错误的，但常识和经验往往很重要，它是我们分析研究问题的基础和出发点。孔子说过："道不远人。人之为道而远人，不可以为道。"孔子所讲的"道"，在这里是指为人处世的道理，它是距离人们很近的，它不可能是用人们完全听不懂的方式讲出来的。在社会调查研究中，如果得出的结论距离人们的常识经验太远，或与人们的常识经验不相符合，一般就要考虑是不是有什么问题，需要进行认真检验。调查研究需要从纷繁复杂的社会现象中，不受各种枝节和表面因素的干扰，善于抓住事物的本质特征，抓住主要矛盾和要害所在。这是一个调查研究者不可多得的重要本领。

第四，社会现象的差异性。社会现象往往表现出较大的内部差异，不能仅仅用一般情况来代表。在调查研究中，如果仅仅用平均数来代表总体情况，往往会掩盖不同的内部差异，甚至出现"被平均"的问题。我们以人均 GDP 为例，2017 年我国人均 GDP 为 8800 多美元，但各地区之间差距很大，有 8 个省市人均超过 1 万美元，总人口达 4.5 亿人。其中比较高的如北京人均 1.9 万美元，上海人均 1.85 万美元，天津人均 1.77 万美元，江苏人均 1.59 万美元，浙江人均 1.36 万美元，福建人均 1.23 万美元，广东人均 1.2 万美元，这些都进入或接近高收入国家水平；

而比较低的如甘肃人均4343美元，云南人均5116美元，贵州人均5622美元。如果我们把划分范围再缩小，以地级市来看，则有78个城市人均GDP超过1万美元，其中有10个城市人均超过2万美元，有32个城市人均超过1.5万美元。比如，深圳市人均超过2.6万美元，广州市、苏州市人均超过2.2万美元。在县级市中，江苏昆山市人均超过3万美元，张家港、江阴市人均超过2.8万美元。如果我们再往下划分，随着范围的缩小，差距则会越来越大。因此，在调查研究中，就要做到统筹兼顾。一方面，在抽取样本时要照顾到各种不同的情况，如选择分层抽样和分类抽样的办法，尽量选取能够代表不同情况的样本，如高收入、中等收入、低收入人群。国家统计局是采用"五等份分组"的办法，在中等收入上下，又分出了中等偏上收入和中等偏下收入。另一方面，要在用平均数代表一般情况的同时，选取一些代表差异性的指标，如高收入占比、低收入占比、中等收入比重、贫困人口数量和贫困发生率等。这样两方面结合起来，考虑和照顾到一般情况和内部差异情况，以便能够更好地代表和推论到总体的状况。

第五，社会现象的相关关系。社会现象的复杂性，决定了我们要在纷繁复杂的相互关联中找出重要的相关关系，有时比较困难。在调查研究中，要注意区别几种不同的相关关系。首先是真相关与假相关。有些现象表面上看有相关关系，而实质上没有相关关系，这就是假相关关系。在调查研究中，首先要排除假相关关系，不为表面现象所迷惑，找到真相关关系。例如，生活中有不少迷信的东西，风水（坟地）与命运，生辰八字与命运，星座与命运，碰到猫头鹰叫与一个人的运气等，有时候表面上看好像有一种相关关系，甚至有的算命先生把它说得头头是道，其实只是一种假相关而已。当然，还是有人相信这之间是有相关关系的，人在遇到一些不可解释又不可抗拒的事件时，特别是人生命运突变时，总是要找一些原因、一些自我心理安慰的理由，这样才能心安理得，解脱自我压力。其次是正相关与负相关。两者现象之间是正向的相关关系，还是负向的相关关系。但有时也是难以弄清的，可能既有正相关，也有负相关，也就是说利弊得失关系都有，只是多一点少一点而已，那我们就要分析正负相关的多少和程度。还有高相关与低相关。在许多影响因素中，每一个因素有多大的相关关系，而最主要的相关关系是什么，这往往是分析研究问题时最难以把握的。比如，世界上有许多人研究治疗癌症，到底得癌症的原因是什么？什么因素在其中起决定性作用？有人发现，人们患食管癌与一个地方的水土环境是有关系的，但仔细分析起来却并不容易，需要排除许多可能无法排除的因素。大家都知道，肺癌与抽烟是有关系的，但到底有多大关系？为什么不抽烟的人得肺癌的也不少？其他因素又有多大影响？等等，这些还并没有真正研究清楚。社会调查研究中，往往需要深入的分析，才能找到事物之间的内在联系，抓住主要矛盾和矛盾的主要方面，从而提出关键性的对策和举措，使矛盾迎刃而解，起到事半功倍的效果。

第三个问题：调查研究的基本要求

一般来说，从事一项调查研究，有几个基本的步骤：一是进行预研究。收集有关方面的调研资料，了解调研问题的基本情况。一般情况下一个问题的调研，可能都不是第一次，要掌握以前的研究进展，站在已有研究的基础上，再向前发展。二是制定调研方案。对调研作出安排和规划，包括调研的目的、方式、范围、对象，以及时间安排、参加人员、几个阶段等。特别是调研的重点任务，需要解决的主要问题。还要对调研方案进行讨论和论证。三是进行实际调研。选择采取召开座谈会、典型调查、抽样调查、实际考察等方式。广泛地收集占有资料，真正把各方面情况摸准吃透，并且了解问题的是非曲直和来龙去脉。在调研中根据了解掌握的情况，还会对调研方案作出调整，增加或减少项目。四是分析研究问题。对调查得到的资料进行研究，进一步发现问题和分析问题，形成基本的判断，得出基本的结论，提出解决问题的思路和办法。五是撰写调研报告。在深入分析研究的基础上形成调研报告，并对报告进行讨论和修改。六是论证评估。一项比较大型的重要的调查研究，还要召开评审会，邀请有关部门和专家进行评审，提出修改完善的意见。

总结自己的调研工作，有以下几点感受和体会：

第一，吃透"两头"，即吃透上头和下头。我们所进行的调查研究，一般是围绕党和国家的政策就某一方面问题所做的调研，可以叫作政策性问题调研，它是为了解决某一方面问题而提出政策性建议。搞好调研工作，吃透"两头"非常重要。

一方面是吃透上头。有的调研题目是领导确定的，那就要了解领导的意图，这个问题在全局工作中的定位，调研是为了解决什么问题。有的调研是自己选择的，那就要有善于发现问题的眼光，能够抓住敏感性问题。对于政策性调查研究来说，掌握和吃透政策很重要，调查前要先了解这方面政策的来龙去脉和变化过程。比如，调查研究养老保障问题，就要了解职工养老保险的缴费比例，职工的工龄、缴费年限与退休后领取养老金的计算方法，养老保险基金的统筹和管理办法，职工退休和提前退休的有关政策规定等。我们在调研中也发现，下边不少从事某一方面实际工作的同志平时忙于日常事务，对政策研究得不够，对有些政策一知半解，这是许多政策不能很好得到贯彻执行的一个重要原因。

另一方面是吃透下头。调查研究的过程就是吃透下头的过程，通过调查真正把下头的问题弄清楚。在调研之前，要先熟悉全面的情况，要有对面上情况的基本了解，由此再确定需要深入调研的问题及重点。在调研过程中，就是要找到问题的症结所在，形成解决问题的思路和办法。例如，中小微企业贷款难、贷款贵问题，是一个长期反映的问题，虽然自上而下采取多方面的措施，问题得到一定程度缓解，但并没有根本解决。如何找到解决问题的新思路、新办法？就需要在吃透上头的基础上，再深入实际调查研究，吃透下头各方面的情况，找到解决问题的新办法。

第二，要在调查的深度和广度上下功夫。我们从事的调研一般有两种：一种是专题性调研，一种是综合性调研。专题性调研更多地要求在深度上下功夫，综合性调研更多地要求在广度上下功夫。这只是相对划分的，对于任何一项调查研究来说，能够做到既有广度又有深度是最好的，当然对不同的调查研究可以有不同的侧重。

在专题性调研方面，就是要深入进去，发现别人没有发现的情况和问题，提出有新意的有价值的政策建议。比如，关于"营改增"的调研。营业税改征增值税，是我国一次重大税制改革，从此营业税成为历史，所有行业特别是服务业都统一征收增值税。我记得2012年8月我们进行了一次专题调研，当时"营改增"在上海试点半年多，效果初步显现，各方面也有一些不同的反映。为什么要搞"营改增"？试点达到效果了吗？进展如何？出现了什么问题？下一步如何推进？这些都是需要弄清楚的问题。改革的初衷，主要是为了统一税制，从制度上消除重复征税的问题，减轻企业税负，支持第三产业、中小微企业的发展。从试点情况看，应该说基本是成功的，但也遇到了一些新问题，比如，交通运输业一些企业反映税收有所增加。这项改革是大胆决策、稳步推进，遇到什么问题就解决什么问题。从2016年5月

1日开始，全面实施"营改增"，将试点中剩余的四个行业——建筑业、房地产业、金融业和生活服务业全部纳入"营改增"。改革中反映出的问题主要表现在：一是部分行业和企业税负有所增加，主要是进项抵扣少，企业财务对新的税收办法还不熟悉和适应。二是地方税收下降，因为营业税原来属于地方税，而增值税属于中央与地方共享税，"营改增"以后，自然就出现了地方税收减少的问题。针对这两个突出问题，国务院采取了有效的政策措施，实际上是实行了"两个确保"：一是确保所有行业税负只减不增，对个别行业如建筑业、金融业等采取一些特殊政策，进一步健全抵扣链条，调整税率结构等，做到使所有的行业都能够享受到减税的好处；二是确保所有地方的税收只增不减，主要通过提高增值税中地方分享比例，中央与地方分成由75:25调整为五五分成，同时核定税改前地方营业税收入基数，中央全部返还并给予适当增加。通过这些措施，有效解决了"营改增"中出现的矛盾和问题，把一场牵一发而动全身的复杂税制改革，变成了各方受益、皆大欢喜的顺利改革，取得了良好的效果。国际上也给予高度评价，认为中国从试点开始，逐步扩大，直到全面推开，完成了一项复杂而又艰巨的税制改革，能够做到这一点是非常不容易的。

在综合性调研方面，就是要有广阔的视野，广泛地了解各方面的情况，通过综合分析研究得出概括性的结论。例如，2011年我们组团到日本考察，主要是围绕"转变发展方式"问题，到日本内阁府、经济产业省、地方政府部门、企业、大学、研究机构进行访问交流。回来以后写了一篇考察报告——《深刻认识中国与日本发展的显著差距》，从经济实力、现代化水平、生态环保、社会发展、国民素质等方面，比较分析了中国与日本的差距，同时也分析了日本发展中面临的深层问题，主要是泡沫经济破裂的后遗症、内需空间有限、人口老龄化和少子化等，提出了针对中国经济社会发展的政策建议。总的看法是，日本虽然经历了"失去的二十年"，但总体上已进入高度发达的阶段，特别是日本强大的高端工业制造能力、金融实力和技术优势，这是日本维持世界经济霸权的三大支柱。中国虽然超过日本成为世界第二大经济体，但在现代化道路上还有很长的路要走，"跨越中等收入陷阱"面临着严峻的挑战。我们必须清醒地认识中国发展的定位和差距，抓住机遇加快发展自己，高度重视日本泡沫经济破裂的深刻教训，更加重视生态环保和社会发展，全面提高我国的国民素质，加快步伐实现中国的现代化。

我个人的体会是，调查研究必须深入到点，照顾到面，既有一定的深度，又有一定的广度，既"解剖一只麻雀"，又"看到一群麻雀"，做到胸中有全局、心里有底数。苏东坡有一首写庐山的诗："横看成岭侧成峰，远近高低各不同。不识庐山真面目，只缘身在此山中。"其隐含的哲理是，看山不能只在山中，要能够跳出山外。更进一步来说，只有山里山外都看到了，才能真正算得上"识得庐山真面目"。

第三，特别要注重调查的信度和效度。信度和效度是调查研究的两个基本要求。信度就是调查的可信度、真实性；效度就是调查的有效性、代表性。一项好的调查研究，应该是既有信度又有效度，既可信又有效。比较重要的大型调查，一般还要进行信度和效度检验。比如，一些标准化的抽样调查，要用样本推论总体，达到很精确的程度，误差要在允许的范围之内，信度和效度检验是至关重要的。

我们在调查中经常会碰到真实性的问题。了解情况难，了解真实情况更难。这一方面是因为弄虚作假现象的存在，让你不敢相信；另一方面即使没有弄虚作假，调查本身也有一个去伪存真的问题。我们平常说，耳听为虚，眼见为实。是否亲眼所见就都是真实的？这也不一定。最典型的例子就是魔术，眼前的情景看着像真的一样，其实是假的，是在道具上做了手脚。还有一些所谓的气功大师表演，现场发功，众人欢声雷动，看起来像真的一样，其实另有玄机和奥秘。即使事情的本身是真实的，由于观察者的角度、反应、注意力和兴奋点等不同，其看法和结论也会不一样。国外心理学教授曾经做过一个有趣的实验，一个教室里正在上课，突然一个人追赶另一个人闯进教室转了一圈，开了一枪，又跑了出去，教授让教室里的每个学生来描述这一事件的全过程，结果发现全班学生的描述各不相同，有的还有很大出入甚至相互矛盾。在刑事案件调查中也经常遇到一个问题，事发现场的人描述得并不一致，甚至彼此矛盾。科学家还做过盲点的实验，人们在看东西的时候会有盲点的存在。极端的现象就是还有色盲的存在，有的人是分不清红绿灯的。在这种不同情况下，哪个是真实的？这就需要分析鉴别，作出综合判断。

一般在调查中，被调查者总是想让你看好的、对他有利的情况。特别是我们的不少调查，事前基本上都是工作人员安排好的，包括开什么样的座谈会，请哪些人参加，看什么地方，如何汇报发言等。在这种情况下，如何变被动为主动，了解到我们想要了解的东西，的确需要有一点方法。一是善于召开座谈会并善于提出问题。开座谈会是一种最常用的调研方式，但要主持好座谈会需要一定的水平和技巧，需要有驾驭场面的能力，掌握座谈会的主动权。要在发言的人愿意讲的东西之外，善于提出问题进行引导，了解到我们想要了解的情况。二是善于进行一些随机调查。在调查中不能什么都是提前安排好的，要主动寻找自己感兴趣的调查点和调查项目，这可以摸到不少真实情况。李克强喜欢进行一些随机调查，比如，2016年底他到云南考察，在与一位农民的交谈中，了解到外出打工工资被拖欠，当即要求有关部门帮助他讨薪，回来后在春节前召开国务院常务会议，专门研究解决拖欠农民工工资问题，并把这些要求写进2017年的《政府工作报告》之中。三是善于进行掩饰性调查。有的调查可能比较敏感，被调查者有顾虑，不大容易配合。因此，需要采用一些掩饰性措施。例如，调查大量职工提前退休问题，不好问你们这里搞了多少提前退休？如何弄虚作假？他不会如实地告诉你。所以，我们以调查"两个确保"——"确保下岗职工得到妥善安置、确保离退休人员养老金按时足额发放"的名义，调查养老保险中存在的问题，特别是调查养老保险基金入不敷出，他很愿意告诉你这些情况，他要反映养老经费不够用，希望中央财政更多地转移支付。在这中间很随意地引入提前退休的问题，得到你想了解的情况。

效度的问题，就是调查的有效性，也就是调查对象的代表性。一些典型调查，好的先进的典型，可能都是真实的、可信的，但问题是它有多大的代表性？我们经常说，实事求是，一切从实际出发。但你是从1%的实际出发，还是从99%的实际出发？实事求是，必须从最有代表性的事实出发。列宁说过，任何一个观点，哪怕是再荒谬的观点，也能找到它的事实根据。调查研究中，最重要的是要调查了解一般的情况、最大多数的情况、最有代表性的情况，而不是极端的情况、个别的情况。政策建议也要建立在最广泛的大多数情况的基础之上，这样制定的政策才会收到好的效果。如果仅从个别的极端的情况出发来制定政策，那必然造成极端的错误。这方面曾经留下过不少沉痛的教训。

第四，致力于分析问题和解决问题，制定切实可行的政策。这是调查的最终目的。就是说，要在真实有效调查的基础上，做好分析研究工作。分析问题要全面，要考虑到各种因素的影响，同时又要紧紧抓住主要矛盾，解决主要矛盾就会牵一发而动全身，起到事半功倍的效果。比如，大家看到，房价不断上涨，那么就要分析房价上涨的原因是什么，症结何在？不少经济学家、政府管理部门，当然也包括房地产商都持有一种观点：房价上涨是由供求关系造成的，因为住房少，需要房子的人多，自然就会不断上涨。这种观点有一定道理，但具体分析，住房上的供求关系是一种什么样的供求关系？买房的人都有实际的住房需求吗？卖出去的房子有多少实际上没人住而只是用来炒卖的？北京的房价已经高出美国许多大城市的房价，甚至华盛顿的房价也没有北京高。也有人说，房价上涨与货币供应量过多即流动性过剩有关，许多企业有钱、老百姓有钱，往哪里投资？投资股市不行，投资黄金、珠宝、古玩也有限，所以大量的钱投资住房。还有人说，土地价格不断攀升，地王频出，甚至面粉贵过面包，必然推动房价上涨。还有一种观点，房地产商故意炒作，抬高房价，制造房价不断上涨的氛围，形成购房者追涨房价的现象等。我们就要分析，哪些是主要原因、根本性原因？我们要问：世界上发达国家许多都出现了房地产泡沫，甚至出现金融危机，而德国的房地产市场却始终保持平稳，几乎很少有人到德国炒房的，他们是如何调控房地产市场的？我们看到，国家现在还对一些主要民生商品实行价格调控，如水、电、燃气、汽油、基本药品、教育收费等，粮食实行国家收储和最低保护价，可住房比起这些东西重要得太多了，花的钱也多多了，为什么不能对住房这种最基本最重要的民生商品实行价格调控呢？德国就是这样调控的，对于不同地段、不同档次的房子规定了严格的调控价，卖房涨价甚至出租房涨价超过一定的限度，不但面临罚款甚至还有坐牢的风险。

解决问题主要是制定政策和实施政策。政策必须要有针对性，具有可操作性，能够真正解决问题，并且还有一个重要方面，就是不会带来副作用。调查研究就是要出主意、想办法、定政策，而且要出大主意、好主意，不出歪主意、馊主意，还要看政策执行的可行性和效果。任何时候都没有绝对好的政策，政策的制定和出台是权衡各方面利弊得失的结果，甚至是上下博弈的结果。只能是利大于弊，好处很多，而坏处很少。但也不排除在执行中变成了坏处很多，而好处很少，结果适得其反，这种情况也并不鲜见。一项看起来好的政策，并不总是能达到好的效果。有些政策出发点是好的，想得也比较完善，但政策执行和实施的结果并不理想，甚至出现偏差和副作用。大家知道历史上的王安石变法，王安石被列宁称为"中国十一世纪的改革家"，他可以说是一代奇才，诗文雄奇，才干超群，脾气倔强，敢作敢为，推行改革大刀阔斧，气势磅礴。改革之一是推行"青苗法"，针对当时农民种地在青黄不接时，无钱购买农具等物，遭受高利贷盘剥，王安石提出政府要扶持农民，实行青苗贷款，这有点类似农业银行。本来出发点很好，春耕时由政府贷款给农民，秋收后即可收回贷款。但这项政策全面实行以后，却弊政丛生，一到下边就变形走样了。问题出在哪里？原来各级官吏为了显示政绩，便要多贷款、多收款，完成贷款和利息指标，本来是农民自愿贷款，结果变成了强迫农民贷款，一些贫困农民贷不起、还不起，不贷也不行，不还也不行，最后是强行放贷和还贷，逼得民不聊生、怨声载道。好事变成了坏事，最后变法以失败而告终。

一项好的政策需要考虑几个方面：一是政策的稳定性和连续性。好的政策应该长期坚持下去，这样才能释放一个稳定的预期。比如，香港、澳门回归，"一国两制"、"港人治港"、"澳人治澳"、高度自治的方针长期不变；家庭承包责任制的政策"三十年不变"，到期后又提出长期不变。在实施过程中，有小问题的政策可以通过打补丁的方式来修改完善，只有大缺陷的政策才需要改变。所以，在研究提出政策的时候，要了解一项政策的来龙去脉和利弊得失，这样才能提出更完善的政策。二是政策的科学性和协调性。一项政策的制定和实施，需要科学的测算和评估，要有严格的定量分析，特别是财政的投入支持；还涉及方方面面的利益关系，需要上下左右的配合和协调，这些都是需要统筹考虑的因素。三是政策的可行性和操作性。天下大事，必作于细。细节决定成败。政策的设计要全面完善，但切忌烦琐化复杂化，好的政策应该是清楚明白、简便易行。比如，税收政策，涉及面非常宽，要使纳税人都明白，不能说不清、道不明，否则就难以实施。历史上刘邦占领咸阳，就是约法三章，布告天下，取得较好的效果。

毛泽东说："政策和策略是党的生命，各级领导同志务必充分注意，万万不可粗心大意。"党和政府的各项政策，关系千百万人的生活、利益甚至命运，差之毫厘，失之千里，必须慎之又慎，这是我们调研工作者的责任。

第四个问题：调查研究报告的结构和类型

调研报告从结构上来说，一般分为五个部分：（一）标题。调研报告的标题，不像写论文那样，最好使用客观中性的标题，而是要观点鲜明，让人一看就知道你要表达的核心观点是什么。标题要让人一目了然，特色突出，能吸引人，起到画龙点睛之效。如关于加强房地产市场调控的调研报告，题目定为"必须迅速出重拳调控房地产市场"；关于推进财税体制改革的调研报告，题目定为"我国下一步改革的重点和关键是推进财税体制改革"；关于春节返乡见闻的调研报告，题目定为"真实感受家乡变化的喜与忧"等。（二）导语。说明调查的目的、意图，为什么要搞这次调研，一般也是说明调研问题的重要性、紧迫性，以及调研得出的主要看法和结论。导语要简明扼要并对通篇起到提纲挈领的作用。（三）调研发现的情况和问题。问题突出表现在哪些方面，带来的影响和后果。（四）对问题进行深入分析。寻找发生问题的原因，在众多原因中抓住主要原因，找到问题的症结所在。（五）提出解决问题的思路、办法和政策建议。应该是有针对性的政策建议，注重政策建议的操作性和可行性。

撰写综合性调研报告，需要处理好三个关系：

一是"点"与"面"的关系。点是指反映局部问题、个别事例、特殊情况的材料；面是指反映全局问题、整体概貌、一般情况的材料。正确处理好二者之间的关系，是撰写综合报告的关键所在。因为综合性调研报告用于反映全面工作或事件的情况，涉及的方面或问题很多，所以在筛选和组织材料时，除运用必要的"面"上的概括材料外，还要运用"点"上的典型材料，二者相辅相成，互为补充。如果有点无面，则必然使报告内容零碎、狭窄，给人以纷乱感；相反有面无点，则会使报告内容失之空泛，缺乏重点支撑。

二是"详"与"略"的关系。综合性调研报告的内容比较丰富，它涉及各个方面的情况，但又不可能将所有材料都写进去，这就有一个材料的取舍和组织的问题，因此要求做到重点突出，详略得当，主次分明。所谓重点，是指能够影响全局的工作或情况的材料，能够对当前或今后工作有重要指导作用的材料，能够充分反映工作成效、工作状况和工作水平的材料，能够代表和反映工作中存在的带有普遍性或倾向性问题的材料。撰写综合性调研报告，必须紧紧围绕这些重点内容展开，笔墨要凝练、集中。重点性材料要详细具体，用墨宜多，一般性材料则略写，惜墨如金。

三是"事"与"理"的关系。"事"即有关的工作或事件的情况，"理"即对工作或事件情况进行的分析、议论。一篇优秀的综合报告，应是事与理的高度统一体。正确处理好二者之间的关系，是写好综合报告的重要环节。撰写时既要将有关的事实情况说清楚、讲明白，又要对其进行必要的分析，指出问题的实质，说明已做的工作和拟采取的解决办法。只有事实，没有精要的分析，所撰写的报告必然是现象的罗列，像"流水账"；相反只有分析说理而无必要的事实作为基础和论据，报告必然空洞、言之无物。一般夹叙夹议比较好，做到有叙述、有分析。

撰写专题性调研报告，则要着力把握好"三要"：

一是速度要快。专题报告应当就工作中发现的新情况、新问题及时向上报告，切莫贻误时机。否则时过境迁，就失去了报告的意义。要做到不失时机，恰到好处。如"公鸡打鸣"，叫早了"半夜鸡叫"不好，叫晚了天已经大亮，"起个大早，赶个晚集"也不好。此种报告快捷灵便，见机而行，占得先机，可使领导及时了解和掌握有关问题或事件的情况，从而迅速作出决策。

二是内容要专。"花开数朵，只取一支。"专题报告一般是一事一报，集中一点，不及其余。最忌讳的是说多说全，面面俱到。要做到内容明确专一，便于领导集中了解和掌握一方面的情况，从而有针对性地作出处理。孔子说过："可与言而不与之言，失人；不可与言而与之言，失言。知者不失人，亦不失言。"这句话用在提供给领导的调研报告中也是适用的，该说的话一定要说，不该说的话一定不要说，实际上这把握起来并不容易。

三是情况要实。要实实在在地反映情况，并把有关情况说清楚。既要使领导了解有关情况的来龙去脉，又能够起到解疑释惑的作用。切忌将问题复杂化，并引起更多的疑惑。也就是说，不能将应该说清楚的问题变得更说不清楚。

第五个问题：调查研究报告的写作要求

如何提高调查研究报告水平？这涉及一个人的写作能力，需要多读多写，多看别人写的东西，自己多实践、多琢磨，自然就会有提高。郭沫若在谈到写文章时说："毛主席的文章，正如文如其人，非常平易近人。我们学习毛主席的文章，就要学习他的平易近人，学习他的深入浅出，学习他准确、鲜明、生动地表达艰深思想的能力，概念准确，形象鲜明，笔调生动。"

人们常说，文无定法。一百篇作文，有一百种写法。但文有常规，有其基本的规矩、基本的写作要求、写作技巧。学习借鉴别人的经验，结合自己调研工作的体会，我感到一篇好的调研报告，有以下一些基本要求：

第一，平实。调研报告不像写文学作品，不需要凭想象去构思创造，也不需要华丽的语言。重在贵在实实在在，实事求是，用事实和数据说话，讲实在的东西，不讲虚的东西，切忌讲空话、大话、套话。习近平总书记指出，实就是要讲符合实际的话不讲脱离实际的话，讲管用的话不讲虚话，讲有感而发的话不讲无病呻吟的话，讲反映自己判断的话不讲照本宣科的话，讲明白通俗的话不讲故作高深的话。这就要求我们写调研报告，力求反映事物的本来面目，分析问题要客观、全面，既要指出现象，更要弄清本质；阐述对策要具体、实在，要有针对性和可操作性。

我们写调研报告，有一个很深的体会，调研报告不只是写出来的，不是坐在房间里想当然地想出来的，特别是涉及一些重要政策措施的建议，是要在深入调查研究占有大量事实材料之后，经过多方面沟通、碰撞、磨合的过程，是在反复比较聚焦的基础上形成的。因此，调研报告的内容和思想性始终是第一位的，至于表达始终是第二位的。这不是说表达不重要，好的内容也需要好的表达方式，这就像灵魂和身体的关系一样，它们应该是合二为一的。

调研报告的表达方式，最基本的要求是平实。文风朴实，深入浅出，通俗易懂。调研报告尽量用通俗易懂的话，不能生造词汇，说些别人不懂的话。少用形容词、副词，表达要有分寸感、恰如其分。不要有夸张之词，不要渲染语言。不搞花里胡哨的东西，不哗众取宠，不说过头话。要尽量使用口语化的语言，大众的语言，而不是学者的语言。

第二，简短精练。最重要的是要简明扼要，简洁明快，言简意赅。清代郑板桥有一首题画诗："四十年来画竹枝，日间挥写夜间思。冗繁削尽留清瘦，画到生时是熟时。"文章的最高境界是简约，"增之一分则太长，减之一分则太短；著粉则太白，施朱则太赤"。要真正达到简约的境界，需要永无止境的追求。郑板桥说："删繁就简三秋树，领异标新二月花。"要简练、简短，正像胡乔木说的："短些，再短些。"语言简短明快，不能啰唆，有话即长，无话则短。力求短而精，不多一句，不多一字。

习近平总书记指出，短就是要力求简短精练、直截了当，要言不烦、意尽言止，观点鲜明、重点突出。能够三言两语说清楚的事绝不拖泥带水，能够用短小篇幅阐明的道理绝不绕弯子。毛泽东为人民英雄纪念碑起草的碑文，只有114个字，却反映了一部中国近代史。1975年，邓小平负责起草周恩来总理在四届全国人大一次会议上的报告，只用了5000字。后来谈到这件事的时候，邓小平说："毛主席指定我负责起草，要求不得超过五千字，我完成了任务。五千字，不是也很管用吗？"鲁迅说过，文章写完至少看两遍，竭力将可有可无的字、句、段删去，毫不可惜。现在，不少地方和部门按照中央改进文风会风的要求，提出以"能少则少、能短则短、能精则精、能简则简"为原则，尽可能开短会、讲短话、发短文。这"三短"，就是我们应当大力倡导的风气。

如何达到简短精练？其中一个重要的办法，就是注重概括和提炼。要从一大堆材料中归纳提炼出最有价值的东西，包括最重要的观点、概括性的表述、核心要义，也就是说有一些让人记得住的好话和好的概括性表述。比如，把党的基本路线概括为"一个中心，两个基本点"；把检验改革开放、衡量一切工作的标准概括为"三个有利于"；把我们党所要坚持的最重要原则概括为"四项基本原则"；等等。总的来说，一篇好的调研报告，要留下能够让人记得住的鲜明的东西。

第三，层次清楚，逻辑性强。一篇调研报告思路清不清，表现在其内在逻辑性，能够说清楚几层意思，既做到周延而没有漏洞，又内在一致而没有矛盾。有的调研报告，也下了很大功夫，但让人容易挑出逻辑性的毛病，不能自圆其说，那就是一个败笔了。撰写调研报告之前，首先自己要想清楚，这篇调研报告到底要告诉别人什么，如何说清楚？有哪几层意思？让人看了以后，清楚明白你要表达的意思。

要做到层次清楚，最好不要层次太多，如用大一二三套小（一）（二）（三），再用阿拉伯数字1、2、3，甚至还来个（1）（2）（3）……就像开杂货铺一样，让人眼花缭乱。要尽量简化层次，层次越少越好，一般有"两层楼"即可，最多"三层楼"。所要表述的意思最好有个一二三，一般人们口头发言或简短的讲话，也爱讲个一二三，这是有道理的，简明而又清楚地表达思想是很重要的。

第四，有材料，有观点。撰写调研报告是在调查占有大量材料并进行分析研究的基础上，用调研结论和观点把材料组织起来，做到观点与材料的内在统一。一篇好的调研报告，应该是有理有据，思路明确，材料丰富，观点要能够统领材料，材料要能够说明观点。占有材料是基础，我们平时说"巧妇难为无米之炊"，要尽可能多地占有材料，并且能够从纷繁的材料中抓住最主要的东西、最有用的东西、最有价值的东西。从大量材料中提炼概括形成自己的观点，反过来用最能够说明问题的材料来支撑提出的观点，组织运用好材料，增强观点的说服力。

一篇好的调研报告，最基本的要求是观点正确，能够站得住脚，更重要的是提出新的见解，经得起别人的反驳和证伪。比如，我们提出全球化是不可阻挡的历史潮流，总体上有利于各国经济发展。那么你就要有充分的论据证明这一观点，并且还要说明为什么有的国家在全球化过程中会出现利益受损，为什么会出现反全球化的问题。调研报告中最有说服力的材料就是事实和数据，要用最有代表性的事例和准确权威的数据说明观点，得出让人信服的结论。

第五，有思想性，有高度，有新意。这是一篇好的调研报告的最高要求。报告要体现出新思想，有新观点和新看法，有新的政策建议和新的举措。总体上体现改革创新的精神，力求思想深刻，富有新意，发现别人所没有发现的东西，提出别人所没有提出的见解。而要做到这一点，是很不容易的。你就要站在别人的肩上，把别人已有的东西弄清吃透，并创造出属于自己的东西。比如，现在有许多人在研究金融改革、国有企业改革、农村改革、社会管理体制改革等，在研究区域发展、城镇化、污染治理、房地产市场等问题，你要在某一方面有新的发展和新的突破，不仅要下别人所没有的功夫，而且要有高人一筹的独到之处，这些都最终体现在调研成果的水平上。

调研报告从内容到形式都要大胆创新。有思想性、有高度的内涵，也要通过好的语言文字表达出来。新也包括角度新、材料新、语言表述新，富有个性、特色鲜明、生动活泼。一篇好的调研报告，需要有让人耳目一新的话、让人记住的新话好话。

（选自作者专著《关于调查研究和文稿起草问题》）

胡鞍钢

清华大学国情研究院院长

没有调查就没有建言权

调查研究是认识客观世界的根本途径和优良传统，是实事求是、理论联系实际的关键环节，是科学决策的重要依托。调查研究不仅有利于获得对客观事物和规律的感性认识，更有利于使感性认识上升到理性认识，通过认识的循环往复，把握事物的本质联系和客观规律。作为多年从事国情研究的科研人员，我的心得体会是，在当代中国的研究方面，没有调查就没有建言权。

一、调查研究是当代中国研究的基础

当今时代，风云激荡。国际形势错综复杂，经济全球化深入发展，科学技术日新月异，综合国力竞争日趋激烈。中国已经进入全面建成小康社会的阶段，同时也面临着国内外各种重大矛盾和社会关系的难题、挑战，新事物、新情况、新问题、新矛盾层出不穷，相互交织。这就需要社会科学工作者不仅"读有字之书"，还要"读无字之书"，不仅要"读万卷书"还要"行万里路"，长期坚持进行深入的调查研究，并将其作为研究国情、世情的认识来源，制定基本国策、战略的客观基础。客观事物总在不断变化，新矛盾、新问题每日每时都在出现，唯有调查研究，才能不断认识客观世界，总结成功经验和失败教训，主动和有效地回答现实生活中提出的重大理论和实际问题。如同习近平总书记指出的，通过深入实际调查研究，把大量和零碎的材料经过去粗取精、去伪存真、由此及彼、由表及里的思考、分析、综合，加以系统化、条理化，透过纷繁复杂的现象抓住事物的本质，找出它的内在规律，由感性认识上升为理性认识，在此基础上作出正确的决策。

二、领导人怎样认识调查研究

早在 1930 年,毛泽东就作出了"没有调查,没有发言权"的论断,把调查比作"十月怀胎",把解决问题比作"一朝分娩"。1956 年 2 月 14 日至 4 月 24 日,毛泽东亲自调查研究,听取了国务院 34 个部门汇报,写出了著名的《论十大关系》,成为关于社会主义革命和建设的代表作。

1978 年 9 月 16 日,邓小平指出:"世界天天发生变化,新的事物不断出现,新的问题不断出现,我们关起门来不行",必须"高举毛泽东思想的旗帜,坚持实事求是的原则"。为此,他带头走出去,先后访问了新加坡、日本、美国等六国,作出改革开放的重大决策。1992 年春,已是高龄的邓小平用了一个多月的时间到武昌、深圳、珠海、上海等地调查研究,发表了著名的"南方谈话",作出建立社会主义市场经济体制的重大决策。

1993 年 7 月 5 日,江泽民在全国省、自治区、直辖市党委政策研究室主任会议上首次提出"没有调查就没有决策权",把做好调查研究这篇文章,视为"我们的谋事之基,成事之道"。

2007 年胡锦涛在党的十七大报告中强调:"要坚持深入基层,

深入群众，深入第一线，围绕改革发展稳定的一些重要问题，开展系统的调查研究，了解真实情况，掌握工作主动权。"他本人带头实地调查研究，在过去10年仅在国内各地区调查研究94次，平均每年在9—10次之间，遍及30个省、区、市和2个特别行政区。

2011年11月，习近平同志发表关于调查研究的专题讲话，强调"调查研究是做好领导工作的一项基本功，调查研究能力是领导干部整体素质和能力的一个组成部分。"他重申了陈云的观点："领导机关制定政策，要用百分之九十以上的时间作调查研究工作，最后讨论作决定用不到百分之十的时间就够了。"他明确提出"建立和完善制度，保证调查研究经常化。"为此，中央明文规定："省部级领导干部到基层调研每年不少于30天，市、县级领导干部不少于60天，领导干部要每年撰写1至2篇调研报告。"

三、如何做好调查研究

毛泽东明确指出："不做正确的调查，同样没有发言权。"如何才能有效地进行调查研究，实现调查研究的根本目标呢？

第一，坚持实事求是的思想路线。邓小平强调："调查研究，从实际出发，分析问题，解决问题"。只有广泛深入地接触客观事物，从中获取丰富的感性认识，并经过去粗取精、去伪存真的加工，才能使感性认识上升到反映事物本质和规律的理性认识；然后又使理性认识回到实践中，能动地指导实践并接受实践检验，在实践中不断地完善。可以说，调查研究是必备的一环，是实现主观与客观相统一、理论与实践相结合的根本途径。唯有实事求是，才可能正确地认识世界。如何做到这一点？这就要有毛泽东所倡导的"放下臭架子，甘当小学生的精神"。他指出："要做这件事，第一是眼睛向下，不要只是昂首望天。没有眼睛向下的兴趣和决心，是一辈子也不会真正懂得中国的事情的。"

第二，选择全局性、战略性的重大问题。调查研究很重要，选题更重要。如何选择调查研究题目呢？胡锦涛在党的十七届六中全会上讲道："要立足我国社会主义初级阶段基本国情，以宽广的眼界观察世界，组织力量开展调查研究，努力回答对我国经济社会发展带有全局性、战略性的重大问题。"这就需要关注国家发展的重大议题，尤其是围绕战略问题进行调查研究，抓住重大问题进行调查研究，追踪热点问题进行调查研究；捕捉苗头性问题进行调查研究，透视典型经验进行调查研究，从而做到围绕党和国家的中心工作，着重研究解决事关改革、发展、稳定大局的突出问题，着重研究解决全局性、战略性的重大问题，着重研究解决人民群众关心的热点、难点和重点问题，忙在点子上，谋在关键处。

第三，将实地调查与深入研究紧密结合。调查研究，顾名思义，既要调查，又要研究。只有调查，没有研究，就如同只有（时间）投入，没有（文字）产出。这就需要将两个不同环节紧密结合、有机结合。完整的调查研究体现在最终的调研报告上，调查体现发现问题和敏锐眼光，研究体现理论水平和分析能力。通过对实际情况的调查详细地占有资料，而研究则是对这些材料的分析整理工作，以找出其中的本质联系和规律。真正的调查研究必须建立在扎实调查的基础上，并进行深入思考和认真研究，总结调研经验，提出具有实际工作指导性的思路。简言之，调查是研究的前提和基础，研究是调查的继续和升华，二者密切联系，不可分割。

第四，重视调研成果的传播指导作用。"文可载道，文可传道。"有了高水平、高质量的调研报告，就要争取发表，广泛传播，既可以指导社会实践，又可以为各地、各部门所共同分享。

（摘编自《红旗文稿》2013年第5期）

洪向华

中共中央党校（国家行政学院）科研部副主任、教授

领导干部如何掌握调查研究基本功
——跟习近平总书记学习如何调查研究

2023年4月，在学习贯彻习近平新时代中国特色社会主义思想主题教育工作会议上，习近平总书记强调："以深化调查研究推动解决发展难题。"在全党大兴调查研究，是在全党开展主题教育的重要内容。调查研究是我们党认识世界、改造世界的强大思想武器，认真学习习近平总书记关于调查研究的重要论述，对于党员干部转变工作作风、密切联系群众、提高履职本领、强化

责任担当，确定开展调查研究的思路方法，增强贯彻落实党的理论路线方针政策的自觉性和坚定性具有重要意义。

调查研究是我们党的传家宝，是做好各项工作的基本功

习近平总书记强调："重视调查研究是我们党在革命、建设、改革各个历史时期做好领导工作的重要传家宝。"历史和实践反复证明，什么时候我们重视调查研究，坚持一切从实际出发，党和人民事业就能够蒸蒸日上；而如果忽视调查研究，主观认识脱离客观实际，造成决策失误，党和人民的事业就会遭受挫折。

1927年，为回应当时党内外对轰轰烈烈的农民运动的责难，毛泽东回到当时农民运动最盛行的湖南省进行考察，历经32天实地考察了湘乡、湘潭、衡山、醴陵、长沙五县的农民运动情况。每到一地就"召集有经验的农民和农运工作同志开展调查会，仔细听他们的报告，所得材料不少"。调查结束后，毛泽东将调查情况写成《湖南农民运动考察报告》，提出农民是中国革命的主力军，明确指出革命党人要重视农民斗争的极端重要性，创造性地提出"农村包围城市，武装夺取政权"的正确道路。

整风运动时期，毛泽东向全党提出系统地周密地研究周围环境的任务。1941年，他在《改造我们的学习》一文中指出："要使同志们懂得，没有调查就没有发言权，夸夸其谈地乱说一顿和一二三四的现象罗列，都是无用的。""在全党推行调查研究的计划，是转变党的作风的基础一环。"同年8月，党中央发布了《中共中央关于调查研究的决定》和《中共中央关于实施调查研究的决定》两个文件，设立中央调查研究局，调查研究工作从此步入常态化、制度化轨道。1961年是党的历史上有名的"调查研究年、实事求是年"。这年3月，中共中央发出《关于认真进行调查工作问题给各中央局，各省、市、区党委的一封信》，指出："一切从实际出发，不调查就没有发言权，必须成为全党干部的思想和行动的首要准则。"在全党大兴调查研究之风，有力地推动了党内认识的统一，推动了各项工作的扎实开展。

"调查研究是谋事之基、成事之道。"习近平总书记强调："不了解真实情况，拍脑袋做决定，是做不好工作的。"在调查研究的基础上解决突出矛盾和问题，是我们党一以贯之的优良传统，是谋划工作、科学决策的重要依据。

让改革发展稳定各项任务落下去，让惠及百姓的各项工作实起来，就要在全党推崇实干、力戒空谈、精准发力。调研到位才能求真务实，我们党就是靠实事求是发展起来的。新的征程上，我们要深刻认识到，调查研究不仅是一种工作方法，而且是关系党和人民事业得失成败的大问题。当前，世界百年未有之大变局加速演进，新一轮科技革命和产业变革正重塑全球经济结构，同时，世界经济复苏乏力，局部冲突和动荡频发，各种可以预料、难以预料的风险增多，我国改革发展稳定面临的深层次矛盾躲不过、绕不开，更需要我们通过调查研究把握事物的本质和规律，找到破解难题的方法和路径。党的二十大擘画了全面建成社会主义现代化强国、实现第二个百年奋斗目标，以中国式现代化全面推进中华民族伟大复兴的宏伟蓝图，明确了新时代新征程党和国家事业发展的目标任务，对统筹推进"五位一体"总体布局、协调推进"四个全面"战略布局作出了全面部署。中国式现代化是前无古人的开创性事业，这一使命任务对我们党谋事创业、作风建设等方面都提出了新的更高要求。将调查研究工作和科学决策紧密结合起来，才能提高党的执政能力和领导水平，更好为全面建设社会主义现代化国家服务，更好为完成新时代新征程的使命任务服务。

"调查研究是做好决策咨询的基础。"调查研究的过程就是科学决策的过程，既不能省略，也不能马虎。任何决策都应该建立在充分的调查研究基础上。只有深入基层对客观实际情况进行充分调查了解和分析研究，掌握第一手材料、听取干部群众心声，努力掌握更多的真实情况、找准工作中存在的差距和不足，细致入微地做好调查研究，才能为解决问题、提高工作实效奠定坚实基础，才能确保党的工作决策、指导方针和改革政策符合客观实际。

长期以来，我们党在出台重要方针政策、作出重大决策部署前，都要求有关部门深入基层调查研究，了解和掌握第一手材料。实事求是是我们党思想路线的重要内容。延安时期，毛泽东就强调，"共产党员应是实事求是的模范""只有实事求是，才能完成确定的任务"。在《〈农村调查〉的序言和跋》中毛泽东提出调查研究的方法，"第一是眼睛向下，不要只是昂首望天""第二是开调查会……必须明白：群众是真正的英雄"。做好调查研究，可以从根本上保证党的路线方针政策的正确制定与贯彻执行，使党员干部在工作中尽可能防止和减少失误。当前，我国发展面临新的战略机遇、新的战略任务、新的战略阶段、新的战略要求、新的战略环境。风险挑战并存、不确定因素增多，越是形势多变、情况复杂，越需要我们进行全面深入的调查研究。通过调查研究才能对我国当前的社会情况有透彻的了解和认识，从而才能在瞬息万变中，精准把握时代脉搏，准确把握发展规律，进而找到一条符合中国国情的破解难题的办法和路径。

以正确的思路方法提升党员干部调查研究的科学性、有效性、自觉性

习近平总书记强调："要了解实际，就要掌握调查研究这个基本功。要眼睛向下、脚步向下，经常扑下身子、沉到一线，近的远的都要去，好的差的都要看，干部群众表扬和批评都要听，真正把情况摸实摸透。既要'身入'基层，更要'心到'基层。"深刻认识党中央作出大兴调查研究决策的战略考量，确定开展调查研究的思路和举措，要"俯下身"全面把握大兴调查研究的总体要求、重点内容、方法步骤等，确保高标准、严要求、高质量开展调查研究工作。

坚持求实创新，增强调查研究的科学性。没有调查就没有发言权，没有正确的调查研究同样没有发言权。增强调查研究的科学性，就要坚持实事求是的态度，听真言、察实情、出实招、办实事，努力克服形式主义。习近平总书记曾批评一些领导干部在调查研究过程中的形式主义作风："当前在领导干部中，不重视调查研究、不善于调查研究的问题还是存在的……调研走过场，只看'盆景式'典型，满足于听听、转转、看看，蜻蜓点水、浅尝辄止。凡此种种，严重影响决策的科学性，妨碍党的路线方针政策的贯彻执行，也损害领导机关、领导干部的形象。"并且告诫党员干部"调查研究，必须深入实际、深入基层、深入群众，多层次、多方位、多渠道地调查了解情况。既要调查机关，又要调查基层；既要调查干部，又要调查群众；既要解剖典型，又要了解全局"。

搞清楚"实事"是调查研究的基础。中国的国情是具体的，是与时俱进的，而本本是对实际事物研究、抽象的结果，不能成为研究问题和作出决策的出发点。我们作出一项科学合理的决策，往往需要大量客观、真实、有效的信息。这就需要问计于基层，问计于群众，获取第一手材料，获得真知灼见，形成正确思路，作出科学判断。要注重调查研究的广泛性，避免盲人摸象，以偏概全、以点代面，只见树木、不见森林。也不能带着偏见先入为主，不能回避矛盾，不能文过饰非。党员干部要切实深入一线，带头组织和参与调研工作，广泛听取社会各界的意见和建议，认真分析调研所获得的客观准确的第一手信息，形成新举措，作出真正体现时代要求、符合实际情况的科学决策。

同时，还要注重调查研究方法的创新，我们既要不断探索符合新时代要求的调查研究方法和手段，综合运用经济学、社会学、信息论、系统论等多学科理论，为正确决策提供全面、翔实、可靠的信息和数据，又要在具体实践中，站在前人的肩膀上，将传统的调查研究方法与现代调查研究方法相结合，根据调查任务和要求的不同，采用不同的调查方法，把微观调查和宏观调查结合起来，把定性分析和定量分析结合起来，大胆创新，多管齐下，提高调研工作的效率和调研成果的质量。

掌握正确方法，增强调查研究的有效性。开展调查研究工作，不能光凭热情和干劲，也要找到正确的思路方法。习近平总书记强调："要大兴调查研究之风，多到分管领域的基层一线去，多到困难多、群众意见集中、工作打不开局面的地方去，体察实情、解剖麻雀，全面掌握情况，做到心中有数。"调查研究是一个联系群众、为民办事的过程，要坚持以人民为中心。实际的情况群众最了解，存在的问题群众感受最深，对解决问题的办法群众最有发言权。调查研究工作必须识民情、接地气，以人民群众利益为重、以人民群众期盼为念，真诚倾听群众呼声，真实反映群众愿望，真情关心群众疾苦。

我们党大兴调查研究的目的是解决问题，要高效地解决问题就必须保证调查研究结果的真实性、可靠性，并真正实现调查结果的有效转化，制定出可操作性强的方针、政策。调查研究搞得好不好，不是看调研规模有多大、时间有多长，也不是光看调研报告写得怎么样，关键要看调研的实效、成果的运用，看能否把问题解决好。党员干部调查研究的出发点和落脚点是广大人民群众，在调查研究的过程中，更是要以群众为师，"调查研究就像'十月怀胎'，决策就像'一朝分娩'。调查研究的过程就是科学决策的过程，千万省略不得、马虎不得。"党的十八大以来，习近平总书记亲自带队奔赴祖国大江南北，深入基层、深入群众，用真心倾听人民心声、用实干履行庄严承诺，为大兴调查研究之风树立了榜样。大兴调查研究要真正把好事做实，把实事做好，真正干在群众的心坎里。通过真抓实干解民忧、纾民困、暖民心，让群众得实惠，从而让调查研究取得人民满意的实效。

强化问题意识，增强调查研究的自觉性。习近平总书记强调：调查研究要"真研究问题、研究真问题"。调查研究要有目的性，要带着问题去调查，这就要求党员干部在开展调查研究时要坚持具体问题具体分析，遇到不同领域、不同类型的问题，要透过现象看本质，理清问题的轻重缓急、难度等级。坚持用辩证唯物主义和历史唯物主义方法，科学分析问题、深入研究问题，去粗取精、去伪存真，由此及彼、由表及里，挖掘问题的症结所在，有针对性地解决问题。

以问题导向引领调研方向，是我们党一以贯之的优良传统。习近平同志曾指出，"要注重调查研究的针对性，围绕中心、贴近实际，忙在点子上、谋到关键处"。他还强调："基层、群众、重要典型和困难的地方，应成为调研重点，要花更多时间去了解和研究。"越是问题突出的地方就越要进行详细的调查，以问题为牵引展开研究与思考，把握调研主动权。领导干部在组织开展调查研究工作前，应做好准备工作，提前搜集问题，并把反馈上来的各种问题进行梳理汇总，明确哪些问题是主要的，需要及时解决；哪些问题是次要的，只需要了解情况。明确解决这些问题需要到什么地方、什么单位、找什么对象，采取什么样的调研方式。

调查研究的过程，就是发现问题、正视问题和破解难题的过程。广大党员干部要敢于到矛盾多、困难多、问题多的地方去，寻求解决之方，真正弄清"朦胧点"，强化"薄弱点"，抓准了问题，调研才不会"挂空挡"。要坚持有什么问题就解决什么问题，什么问题难就重点解决什么问题，什么问题突出就着力攻克什么问题。特别是要敢于触及深层矛盾、善于解决矛盾，向顽瘴痼疾开刀。坚持采取"四不两直"方式，即不发通知、不打招呼、不听汇报、不用陪同接待，直奔基层、直插现场，了解真实情况、发现真实问题，带着问题开展调查。

调查研究要在求深、求实、求细、求准、求效上下功夫

习近平同志在《之江新语》中提出："各级领导干部在调查研究工作中，一定要保持求真务实的作风，努力在求深、求实、求细、求准、求效上下功夫。"调查研究不是走马观花，更不是闭门造车，而是要切实走到基层一线，不能只停留在最近、最好的地方，应采取更细更实的举措，不断提升调查研究成效。

调查研究要加强组织领导，把握工作主动权。2019年，习近平总书记到内蒙古自治区调研指导开展"不忘初心、牢记使命"主题教育时强调："抓组织领导到位，主要领导同志要带头学习、带头调查研究、带头检视问题、带头整改落实，发挥表率作用。"领导班子既是调查研究的组织者也是调查研究的参与者，要率先垂范，夯实理论基础，认真学习习近平总书记对调查研究工作作出的指示和要求，深入学习贯彻落实习近平新时代中国特色社会主义思想。要坚持先学一步、学深一层，深入学习掌握党中央的路线方针政策，不断提高运用科学理论解决实际问题的能力，从根本上保证调查研究工作的正确方向。围绕中心，服务大局，将理论知识转化成攻坚克难、干事创业的实际成效。

调查研究要严明纪律建设，锻造优良作风。严明的纪律、优良的作风是开展调查研究工作的保障。习近平总书记指出："纪律是管党治党的'戒尺'，也是党员、干部约束自身行为的标准和遵循。要把纪律建设摆在更加突出位置，党规制定、党纪教育、执纪监督全过程都要贯彻严的要求，既让铁纪'长牙'、发威，又让干部重视、警醒、知止，使全党形成遵规守纪的高度自觉。"党员干部在调查研究工作中应严格执行中央八项规定及其实施细则精神，自觉养成在监督和约束下工作生活的习惯，轻车简从，厉行节约，防止"出发—车子、开会—屋子、发言念稿子"式的调研、"作秀式"调研、"嫌贫爱富式"调研。还应加强调研统筹工作，避免扎堆调研、多头调研、重复调研，不要增加基层负担。要防止调查多研究少、情况多分析少的情况，并且狠抓调查工作的落实成效。对违反作风建设要求和廉洁自律规定的，要依规依纪严肃问责。各级党组织应高度重视调查研究工作，深刻认识到此项工作责任重大，要建设一支高素质专业化的干部队伍，苦干实拼、尽心尽责才能担当起使命、履行好职责。

调查研究要坚持系统观念，强化科学统筹。"不谋万世者，不足谋一时；不谋全局者，不足谋一域。"系统观念是马克思主义政党基础性的思想和工作方法。习近平总书记指出："把握好全局和局部、当前和长远、宏观和微观、主要矛盾和次要矛盾、特殊和一般的关系，不断提高战略思维、历史思维、辩证思维、系统思维、创新思维、法治思维、底线思维能力，为前瞻性思考、全局性谋划、整体性推进党和国家各项事业提供科学思想方法。"调查研究工作必须坚持系统观念，真正把握事物的本质和规律，找到破解难题的办法和路径，持续在前瞻性思考、全局性谋划、整体性推进上下功夫，不断增强调查研究的科学性、系统性、实效性。

要把握好全局和局部的关系。全局和局部互相依存、互相促进。想问题、干工作，如果不从全局、整体去考虑，就容易顾此失彼。只有做到以一域服务全局，才能通过局部的重点突破推动全局的整体提升。这就要求我们在调查研究中，必须始终把全局作为观察和处理问题的出发点和落脚点，善于把地区和部门的工作融入党和国家事业大棋局，做到既为一域争光、更为全局添彩。

要把握好当前和长远的关系。习近平总书记多次讲到"立足当前、着眼长远"。眼光放得长远，大势才能看得清，问题才能看得准，方向才能辨得明。大兴调查研究，既是聚焦现实问题的有力举措，也是谋划未来的长远工程。开展调查研究，既要立足当下，一步一个脚印解决具体问题；又要仰望星空、放眼未来，注重前瞻性思考。在调查研究的过程中，应坚持运用辩证眼光看问题，多献务实之策、多谋长远之计，多做打基础、利长远的事，科学研判未来发展趋势，准确把握时代脉搏，使调查研究有力推动党和国家各项事业发展。

要处理好主要矛盾和次要矛盾之间的关系。现代社会是一个多元化的社会，由于社会分工日益精细，社会各方面的差异日益突出，不同地区的发展情况各不相同。在这种情况下，各级党委、政府进行决策的信息量大增，这就要求党员干部善于从大量的个体情况中找到一般的规律。面对复杂形势和繁重的调查研究工作，要善于利用矛盾分析法，坚持"两点论"和"重点论"的统一，厘清主要矛盾和次要矛盾、矛盾的主要方面和次要方面，区分轻重缓急，在兼顾一般的同时紧紧抓住主要矛盾和矛盾的主要方面，以重点突破带动整体推进，在整体推进中实现重点突破，从而提升调查研究的效率和质量。

[摘编自《人民论坛》2023年5月上。中国地质大学（北京）马克思主义学院副教授杨润聪对本文亦有贡献]

崔禄春

中共中央党校（国家行政学院）习近平新时代
中国特色社会主义思想研究中心研究员

领导干部调查研究的基本功不能丢

在实际工作中，调查研究既是领导干部经常遇到、老生常谈的问题，也是时有困惑、常学常新的课题。习近平总书记指出："调查研究是做好领导工作的一项基本功，调查研究能力是领导干部整体素质和能力的一个组成部分。"新时代是否还需要始终坚持这个基本功？"互联网+"时代调查研究是不是过时了？如何提高调查研究的能力和本领？各级领导干部必须正确认识和科学回答这些问题，做到职务越高越要重视调查研究，面临的矛盾问题越复杂越应调查研究，越是重大决策越要主动调查研究。

一、必须大兴调查研究之风

调查研究是中国共产党的优良传统，也是中国革命、建设和改革不断取得胜利的重要法宝。在新时代历史方位下，调查研究仍然是决胜全面建成小康社会、实现"两个一百年"奋斗目标和中华民族伟大复兴中国梦的重要法宝。党的十八大以来，习近平总书记多次对调查研究工作提出要求，并身体力行长期坚持进行深入调查研究。在党的十九届一中全会讲话中，他特别强调要在全党大兴调查研究之风，各级干部特别是领导干部要结合贯彻落实党的十九大精神真正动起来、沉下去，切实把存在的矛盾和问题搞清搞透，把各项工作做实做好。

大兴调查研究之风，是打赢具有许多新的历史特点的伟大斗争的客观需要。当前，我国发展面临的国际环境和国内条件正发生复杂而深刻的变化，要时刻准备进行具有许多新的历史特点的伟大斗争。从外部环境看，当今世界正经历百年未有之大变局，国际形势波谲云诡，周边环境复杂敏感，科技创新目不暇接；从国内看，我国经济社会发展面临的风险、挑战、阻力和矛盾多样多变，在全面从严治党、坚持马克思主义在意识形态领域的指导地位、金融领域隐患、脱贫攻坚战、治理生态环境、应对重大自然灾害，包括当前的疫情防控阻击战等方面，均面临风险和挑战。要赢得伟大斗争，最大前提是全党动手进行调查研究，搞清楚伟大斗争的对象、内涵和方式方法，知道风险在哪里，表现形式是什么，发展趋势会怎样，打好防范和抵御风险的有准备之战。

大兴调查研究之风，是领导干部科学决策的基础和前提。领导干部经常要面对不同性质、不同类型的决策问题。正确的决策从哪里来？来自深入细致的调查研究，来自对大量第一手材料和信息的正确分析和研判。毛泽东很早就提出"没有调查，没有发言权"的至理名言，至今仍然是领导干部不可不知的从政箴言。陈云也指出："我们应该用百分之九十的时间去弄清情况，用不到百分之十的时间来决定决策。这样决定的政策，才有基础。"党的十八大以来，习近平总书记多次强调，"调查研究是谋事之基、成事之道。没有调查就没有发言权，更没有决策权"，"调查研究的过程就是科学决策的过程，千万省略不得、马虎不得"。他还创造性提出"正确的决策离不开调查研究，正确的贯彻落实同样也离不开调查研究"的新论断,丰富了我们党对调查研究规律和科学决策规律的认识,具有很强的理论创新性和现实针对性。随着国家治理体系的日趋完善,制度和政策执行力问题凸显,但在一些地方还不同程度存在"以文件落实文件"机械式执行的现象,没有与当地实际结合起来;有的在执行过程中遇到新情况,简单地靠经验来决策;有的甚至出现政策执行的变异走样。因此,调查研究这个传家宝不仅不能丢,还要全面加强,使之更好地为各级领导干部科学决策服务。

大兴调查研究之风,是密切联系群众、改进工作作风的关键环节。调查研究是深入实际、深入基层、深入群众的过程,也是践行党的群众路线的基本途径。"办法就在群众中",领导干部到基层考察、调研,面对面了解情况,倾听群众呼声,感受他们的疾苦,汲取他们的智慧,这与坐在办公室里看材料、听汇报、敲键盘感觉是截然不同的。领导干部要始终保有为民情怀,牢记"得民心者得天下"的古训,放下架子、扑下身子,深入群众中间,才能在感情上贴近群众、在工作中依靠群众,才能真正赢得群众的信任、支持和拥护,才是真正践行"从群众中来,到群众中去"的群众路线。这样,不仅会使我们的政策更接地气,还能增进群众感情，离群众近了，形式主义、官僚主义的东西就少了，就能真正听到实话、察到实情、获得真知、收到实效。

大兴调查研究之风，是治疗当前领导干部调研"病症"的良药妙方。毋庸讳言，当前，在一些领导干部中存在着不重视调查研究、不善于调查研究的问题，甚至严重到"病症"的程度。概括来说，主要有三种情况。一是不愿调研。有的干部借口工作忙没有时间下去调研；有的站位不高，没有把调查研究看作关系事业成败的大事；有的自以为熟悉基层情况，工作经验丰富不需要调查研究等。二是不会调研。有的干部调研愿望很高但方法不科学不得要领；有的调研夸夸其谈不接地气；有的则是"只调不研"不出成果。三是不善调研。有的单纯为调研而调研，下基层就是为了出出镜、露露脸，群众称之为"作秀式"调研；有的只看好的门面和窗口，不看后院和角落，群众称之为"盆景式"调研；有的走马观花，蜻蜓点水，群众称之为"彗星式"调研，等等。上述问题的存在，已经严重影响调查研究的成效，严重影响领导干部形象。如何破解这些"病症"？良药就是大兴调查研究之风，推动各级领导干部"在游泳中学会游泳"，以更大决心和行动投入到调查研究之中。

二、用正确的方法论指导调查研究

调查研究是一门科学，必须掌握正确的方法，并加以灵活运用，才能收到事半功倍之效。具体说来，需要正确处理好以下关系。

调查与研究的关系。一次完整的调查研究包括调研前的准备、调研过程、撰写调研报告、促进成果运用等四个环节，简化起来就是对实际情况的调查和对问题本质的研究两个环节。调查是研究的基础，研究是调查的目的，不能调而不研，也不能研而无物。从当前领导干部调研的实际情况看，研究不够的问题更突出。有的到基层调研，带了一大摞材料回来，不分析不研究，写个调研报告就算完成了。实际上，成功的调查研究，优秀的调研工作者，无一不是实现了调查与研究的完美结合。《毛泽东选集》的开篇之作《中国社会各阶级的分析》堪称典范。这篇文章是毛泽东在韶山从事农民运动时作社会调查的成果，他搜集了大量的第一手材料，发现农村贫富悬殊，有雇农、贫农、中农、地主之分，在认真研究这些材料的基础上，他对中国社会的五个不同阶级作了精到分析，搞清了"谁是我们的敌人？谁是我们的朋友？"

这个中国革命的首要问题。

目标导向与问题导向的关系。调查研究要有目标，明确所要解决的问题。调查研究若无目标，犹如瞎子摸象，不会有调研成果。调研目标确定后，在具体调研过程中，调查者要有问题意识，善于发现问题，绝不能事先定调子、划框框，下到基层找例子，搜集一些片面的材料来印证自己的结论。目标导向是管宏观的，习近平总书记已经给各级领导干部提出了调查研究的目标，即"调查研究要紧扣人民群众生产生活，紧扣经济社会发展实际，紧扣全面从严治党面临的现实问题"；问题导向是管具体的，对着需要解决的问题"解剖麻雀"，从基层的实践中总结规律性认识，寻找解决问题的答案，正如毛泽东所说，"一切结论产生于调查情况的末尾，而不是在它的先头"。在调研工作中，领导干部要坚持问题导向和目标导向相统一这一重要工作方法，既针对问题又紧盯目标，在不断解决问题中实现既定目标。

普遍与典型的关系。每一个调研工作者都想尽可能多选一些样本，尽可能把握整体情况，但由于调研时间、人数等条件所限，又不可能做到面面俱到，因此只能选取具有代表性的样本。正确的方法是把二者结合起来，做到既广泛又典型。习近平总书记指出，"当县委书记一定要跑遍所有的村，当市委书记一定要跑遍所有的乡镇，当省委书记一定要跑遍所有的县市区"，这是从普遍意义说的。他同时要求，领导干部调研"既要到工作局面好和先进的地方去总结经验，又要到困难较多、情况复杂、矛盾尖锐的地方去研究问题，特别是要多到群众意见多的地方去，多到工作做得差的地方去"，说的是要选择典型样本。习近平总书记要求的就是做到"走马观花"与"下马看花"相结合，广泛性与代表性相统一。

传统方式与现代方式的关系。在长期的调查研究实践中，我们已经积累了许多卓有成效的传统调研方式，比如，召开座谈会、现场考察、剖析典型、蹲点调查、统计调查等，这些都是经过实践检验的好办法，是践行党的思想路线、政治路线、群众路线的基本途径，永远不会过时，新时代也不会失灵，更不能丢掉。同时，随着互联网、大数据、人工智能等新技术的发展，新兴的现代调研方式不断涌现，通过网络随时可以了解社情民意，视频、微博可以实现线上面对面交流，领导干部调研可以不下基层，十分快捷、精准。不少地方政府的电子政务、网络理政如火如荼，成效很大，受到干部群众好评。但是，我们也要看到，一些领导干部在推崇网络问政便捷高效时却忽略了网络空间的弊端，网络信息的海量性、迷惑性、失真性是现实的存在。更加重要的是，网络"虚拟"调研缺乏面对面的温情、真情。网络再发达，通信再便捷，渠道再多元，都替代不了传统的深入基层调研。领导干部应善于整合传统调研方法与新兴调研方法，既不丢优良传统又善用现代手段，使调研既有效率又有温情。

三、领导干部提高调查研究能力的基本途径

领导干部提高调查研究能力，不能一蹴而就，也没有捷径可走，只能通过长期的理论学习、思想淬炼、实践锻炼逐步提高，进而成为善于调查研究的行家里手。

一是加强学习，提高理论素养。调查研究者只有具备较强的马克思主义理论修养，才能认清纷繁复杂的社会现象，从海量的材料中找出关键要素，形成正确的决策。唯有认真学习马列主义、毛泽东思想、邓小平理论、"三个代表"重要思想、科学发展观，尤其是学好用好习近平新时代中国特色社会主义思想，努力掌握贯穿其中的马克思主义立场、观点和方法，做到真学、真懂、真信、真用。还要广泛学习社会学、心理学、统计学等各方

面知识，增加知识储备，不断提高自己的理论水平、认识水平和政策水平。

二是深入实际、深入基层、深入群众，提高发现问题、研究问题和解决问题的能力。领导干部调查研究的主要对象是基层问题和基层群众，要想调研有所收获，必须深入基层、深入群众，多层次、多方位、多渠道地调查了解情况。每到一个地方，要像毛泽东提倡的那样会"察言观色"：看老百姓吃得怎么样，穿得怎么样，脸色怎么样，情绪怎么样。通过对这些现象的"望闻问切"，敏锐捕捉各种有价值的信息材料，把实际情况搞清搞准。在这个基础上"踱方步、冷思考"，把零散的认识系统化，把粗浅的认识深刻化，直至找到事物的本质，进而提炼概括出解决问题的正确办法。

三是自觉向调查研究的模范学习，借鉴模仿促提升。无产阶级革命导师马克思、恩格斯是调查研究的先驱，正如毛泽东指出的："认识世界，不是一件容易的事，马克思、恩格斯努力终生，作了许多调查研究工作，才完成了科学的共产主义。列宁、斯大林也同样作了许多调查。"中国共产党的主要领导人毛泽东、邓小平、江泽民、胡锦涛等都十分重视调查研究，亲自践行调查研究，运用调查研究这个传家宝不断进行理论创造和实践创新，推进党和国家事业发展。进入新时代，习近平总书记成为当代中国共产党人善于调查研究的模范，他的调研足迹遍及全国各地，内容涵盖各个领域，经济发展新常态、"四个全面"战略布局、"五位一体"总体布局、精准脱贫等新思想新观点新论断，都是在调查研究基础上进行理论思考的成果，给全党同志作出了表率。

（摘编自《中国党政领导干部论坛》2020年第4期）

廉 思

共青团中央中国特色社会主义
理论体系研究中心研究员

年轻干部怎样做好调查研究

调查研究是我们党的优良传统，也是党员干部推动工作的有效方法和必备能力。习近平总书记在对年轻干部能力素质的要求中将"调查研究能力"摆在极为重要的位置，体现了对年轻干部的厚爱和期许。年轻干部受教育水平高、视野开阔、闯劲十足，更要在调查研究方面走在前列、干在实处。

深入系统地占有材料

马克思指出:"研究必须充分地占有材料,分析它的各种发展形式,探寻这些形式的内在联系。只有这项工作完成以后,现实的运动才能适当地叙述出来。"理论知识的每一步进展,都必须基于扎实的材料,研究过程中得到的每一个规律性认识,都是对经验现象的抽象反映。因此,对材料的占有程度,决定了调查研究的可信度和有效性。

在调查中获取材料,要特别注意"深入"和"系统"两个方面。

第一,调查必须深入基层、深入一线、深入群众。只有"深入"进去了,才能发现群众最关心、最急迫的问题,"深入"是获得一手材料的必要条件。年轻干部要坚持党的群众路线,从群众中来,到群众中去,避免"浮萍式调研""折腾式调研""抢功式调研""作秀式调研"。通过"脚底板"真正读懂民情民意,将日常工作中"观念的世界""文件的世界"转换成"案例的世界""经验的世界",当年轻干部能够在头脑里建构起人民群众"生活的世界"后,再经过自己的总结提炼,就能形成新的观点和判断。年轻干部必须摆脱由自我价值设定的内心世界，真正走入客观世界，走进社会生活，走到人民群众当中，去切身感受国家治理体系的运行逻辑，躬身参悟党的方针政策的落地执行。

第二，获取材料还要"系统"，兼听各方意见，运用矛盾的观点、联系的观点以把握材料的要点。调研的时间有限，不可能全面掌握调研对象的所有情况，哪些应该取舍，体现了调研者的水平。调查获取的情况中既要有现实材料，也要有历史材料；既要有正面材料，也要有反面材料；既要有数据材料，也要有访谈材料；既要有直接材料，也要有间接材料。当然，一切调研都存在局限，因此"系统"这一对材料收集的要求，是服从于研究目的和角度的。

此外，"系统"还要求对获取的材料进行初步的去粗取精、去伪存真，由此及彼的筛选，使材料条理化、逻辑化，避免支离破碎、片段零散，确保材料能够准确体现研究对象的前因后果。对于重要的材料，要进行多方验证，考察内容真伪，对于不同来源的材料，绝不能凭借个人好恶进行删减，更不能被材料中某些夸大的说法所迷惑。只有在占有材料时做到深入系统，才能在后续分析时找准问题。

科学辩证地"解剖麻雀"

未经方法加工的材料只是"原煤",材料必须经过一定的洗选加工,成为"精煤",才能作为调研报告的佐证。分析材料的方法大致可分为定量和定性两类,这两者有很多不同,但最大的区别在于所回答问题的范畴不同。定量方法更多地用于描述总体的分布、结构、趋势及特征,以及揭示变量之间的相关关系、验证已有的理论假设等;而定性方法则更多地用于揭示现象变化过程、现象内在联系、调研对象的主观认知,诠释行为意义,解释变量之间的因果联系等。调查研究之所以存在定量和定性两种不同的方法,是因为现实的复杂性,需要不同的方法给予恰当的回答。

当前,很多年轻干部偏好定量方法中的问卷调查法,认为这种方法得到的数据更翔实、反映的情况更全面。问卷调查法固然有其优势,但也要看到,问卷调查假设"每个人的信息都是等量的",忽视了不同人的信息之间的差异。问卷抽样再合理,充其量也只是调查到某个等量的信息在人群中的分布状态,仍无法增加信息的总量与多样化的丰富性,且问卷调查往往成本过高,过分依赖数据,能不能真正兜上来问题,或者说兜上来的问题是否真实,都有待进一步检验。其实，对于同质性较高的样本，用问卷法效果较好，而对于异质性较高的样本，问卷法则不太适用。对于中国广袤的地域和复杂的国情而言，最行之有效的方法应数"解剖麻雀法"。

"解剖麻雀法"是革命战争年代我们党独创的简便易行又效果显著的办法，后来成为党在调查研究方面的优良传统和作风。从调研类型上看，"解剖麻雀法"是一种典型调查法。所谓典型调查，就是从有关范围内所有的对象中选择有代表性的案例进行调查，通过调查具有代表性的事物，即可推知同类事物的情形。马克思主义的认识论告诉我们，人们对客观事物的认识，都是从个别到一般，再由一般到个别，"共性寓于个性之中"。集中一定的时间，蹲下去，通过对典型的解剖，以小见大、以点带面，从中得出规律性的认识。"解剖麻雀法"的优点是调查对象集中、调查时间短、调查内容紧凑周密、反映情况快、节省人力物力，若在"解剖麻雀"中结合明察暗访、"四不两直"等形式，则会感知更加鲜活、体验更为深刻。

在"解剖麻雀"的过程中，从典型个案到发现规律之间的"惊人一跃"，需要理论的助力。理论是一套认识和理解的框架，没有理论，调查研究得出的结论就是经验主义的。理论是无数现实经验的抽象和总结，是高度凝练的"前车之鉴"。一方面，理论可以指导调研者去收集特定的事实，当不同的调研者用不同的理论作指导去作调查时，他们所看到的"事实"是不同的。另一方面，理论可以给调研者提供更多的思考维度，不同理论知识的分析框架可以把个案中得到的具体结论引向更深的机制反思和更广的模式借鉴。年轻干部应多储备一些理论知识，虽然在某项具体调查中，不一定所有的理论工具都有机会使用，但只要储备充足，就有了可供选择的"武器库"。理论越丰富，就可以选择越有竞争力和解释力的框架来对典型个案进行升维，从而得出更具穿透力、更接近现象本质的规律。

运筹帷幄地提出建议

对现象的分析和规律的总结，最终是为了给改革创新和制度创新提供"入口"，找到"出口"。调查研究形成的报告又称"策论"，其价值归根结底要体现在能否提出好的政策建议。很多调研报告，洋洋洒洒十几条对策，列了很多不痛不痒"放之四海而皆准"的举措，看起来都很正确，但其实由于"假大空"，并不具备落地实施的可行性。好的政策建议应该有的放矢、针对性强、兼具操作性和衔接性，其中特别要把握好前后贯通、轻重缓急、精准有效三个方面。

前后贯通，就是在提出建议时梳理某项政策演进的历史脉络，读懂"以来"。任何政策都是在已有基础上的延续和迭代，要"向前看"，前人为什么会选择某条施政路径，要设身处地放在当时的历史条件下去考量，进而分析现在的时机是否成熟。有的时候，我们自以为提出了"发人所未发"的好点子，但其实前人已有详细论证。同时还要"向后看"，留出发展空间，留出包容余地。头脑中要有历史观，所谓历史观，不仅是站在现在看过去，更重要的是站在未来看现在。

轻重缓急，就是要全面把握某项政策与其他政策的系统性，注意相互之间的兼容性，防止出现"矫枉过正""大开大合"的偏差，造成"合成谬误"。其中，"轻重"意味着对各种可能的施策方向进行权重排序，而后再确定一种或几种可行方案。通过横向对比不同地域、纵向对比不同时期的政策，形成相对稳妥的"政策群"。"缓急"意味着对所提政策"出牌顺序"的排列组合，通过调整政策的优先次序，小步走、不停步地去推演目标的实现过程，避免过早透支政策福利。

精准有效，就是对症下药，突出实效，针对不同对象的特点，做到分类施策。同一政策作用在不同的对象身上，效果往往相去甚远。比如，物质激励方面的政策，对于不发达地区和低收入群体而言，能起到"雪中送炭"的作用，但对于其他对象，最多只能算是"锦上添花"。又如，针对一些企业当前发展的痛点难点，大企业的难处和小企业就不太一样，此一时的难处和彼一时也不一样，要针对不同经营主体的实际困难，帮到关键处、帮在紧要时，真正发挥出政策的杠杆效应。

（摘编自《学习时报》2023年4月17日）

| 第 三 辑 |

新时代如何做好调查研究工作

晓 山

组工干部，教授

新时代领导干部调查研究方法

2020年10月10日，习近平总书记在中央党校（国家行政学院）中青年干部培训班开班式上指出："年轻干部要提高调查研究能力。调查研究是做好工作的基本功。"调查研究，是对客观实际情况的调查了解和分析研究，目的是把事情的真相和全貌调查清楚，把问题的本质和规律把握准确，把解决问题的思路和对策研究透彻。党的十八大以来，习近平总书记多次对调查研究工作发表重要论述，而且身体力行、率先垂范。从事领导工作，只有会调研、懂调研、愿调研，带着问题亲自察看、亲身体验，才能发现许多办公室里看不到、听不到、想不到的新情况和新问题，进而作出正确的决策，推动各项工作落实。

一、调查研究是做好领导工作的基本功

意大利哲学家克罗齐认为，人类用认识的活动去了解事物，用实践的活动去改变事物。调查研究就是这样一种实践活动，是人们正确认识世界、进而改造世界的重要手段和方法。一切从实际出发，坚持调查研究，是我们党取得成功的重要法宝，也是我们党的优良传统和作风。

调查研究是谋事之基、成事之道。我们党发展的实践也充分证明，什么时候重视调查研究，坚持理论联系实际，党的事业就顺利发展；什么时候忽视调查研究，就会主观与客观相脱离，造成工作失误，给党的事业带来损失。

领导工作，说到底是一个"决策—落实"的过程；领导者的职责，概括地说，就是作决策与抓落实。作决策需要调查研究，抓落实同样也需要调查研究。因此，调查研究是领导干部必须掌握的基本功。

调查研究是科学决策的基础。不会搞调查研究，搞不好调查研究，缺乏客观真实的"第一手资料"，科学决策就成一纸空谈。搞好调查研究，才能真正认清事物，分析事物本质，才能掌握科学决策的"源头活水"，才能制定出符合客观实际的政策，保证在工作中少走"弯路"和"错路"。

只有紧扣地方发展需要，抓住前沿性、全局性、长远性的大问题，关注思考最多、抓得最紧、关系最密切的现实问题，深入基层、深入一线开展有针对性的调查研究，才能真正发现群众关注的热点、难点、痛点和堵点，发掘群众最关心、亟待解决的真问题，找到满足群众期求、符合地方实际的真举措。

调查研究是工作作风的"晴雨表"。调查研究是一种能力，也是一种态度，更是一种作风，既要"身入"，又要"心至"。能力高不高，态度好不好，作风实不实，直接关系到解决实际问题的效果。不深入到事物内部，就不可能看到事物的本质。

调查研究是"从群众中来，到群众中去"的过程，是"发现问题、分析问题、解决问题"的过程，来不得半点马虎，必须在"艰苦深入"上用气力、下功夫。如果缺乏扎实的工作作风，很难做好全过程闭环，更难以取得实质性成效。作风不扎实不过硬，调查研究就很容易"走过场"，走马观花转一圈，没有章法要材料，蜻蜓点水见群众，沦为典型的"形式主义"。

要坚决克服形式主义、官僚主义，经常深入困难多、情况复杂、矛盾尖锐的地方，避免只听汇报不看实情、只到会场不到现场，多到基层一线找寻答案，少看"前院"和"盆景"，多看"后院"和"死角"，以诚心打动群众，用诚心换真心，拉近与群众的距离。

二、做好调查研究工作需要讲究方法

调查研究是马克思主义者认识世界、改造世界的重要方法，是中国共产党人的基本思想方法和工作方法，是中国共产党的优良传统和重要工作制度，也是各级领导干部做好领导工作的一项基本功。马克思主义世界观和方法论，党的实事求是的思想路线，党的从群众中来、到群众中去的根本工作路线，都要求领导干部要做深入、系统、周密的调查研究。

调查研究是谋事之基、成事之道。调查研究其实是一种能力。做好调查研究工作需要讲究方法，也需要不断创新方式方法。新时代领导干部调查研究方法主要有：

（一）实地观察法

这种方法是指调查者在实地通过观察获得直接的、生动的感性认识和真实可靠的第一手资料。但因该法观察到的往往是事物的表面现象或外部联系，带有一定的偶然性，并且受调查者主观因素影响较大。所以，不能进行大样本观察，需要结合其他调查方法共同使用。

（二）问卷调查法

这种方法是指间接的书面访问，这一调查法最大的优点是能突破时空的限制，在广阔的范围内，对众多的调查对象同时进行调查，适用于对现实问题、较大样本、较短时期、相对简单的调查，被调查对象应有一定的文字理解能力和表达能力。但由于问卷调查法只能获得书面的社会信息，而不能了解到生动、具体的社会情况，因此该法不能代替实地考察，特别是对那些新事物、新情况、新问题的研究，应配合其他调查方法共同完成。

（三）抽样调查法

这种方法是指按照一定的方式、从调查总体中抽取部分样本进行调查,并用所得的结果说明总体情况。其优点是节约人力、物力和财力,能够在较短的时间内取得相对准确的调查结果,具有较强的时效性。其局限性在于样本数目不足时往往会影响调查结果的准确性。

(四)访谈调查法

这种方法能够获得较多、较有价值的信息,适用于调查的问题比较深入。但存在调查的对象差别较大,调查的样本也较小,调查的场所不易接近等情况。还存在由于访谈标准不一,其结果难以进行定量研究的情况。

(五)会议调查法

这种方法是访谈调查法的扩展和延伸,因其简便易行,故在调查研究工作中比较常用。邀请若干调查对象以座谈会形式来搜集资料、分析和研究问题。其优点是工作效率较高,可以较快地了解到比较详细、可靠的信息,从而节省人力和时间。但由于受时间条件的限制,很难进行深入细致的交谈。

（六）文献调查法

这种方法是指通过对文献的搜集和摘取，以获得关于调查对象信息的方法，适用于研究调查对象在一段时期内的发展变化，研究角度往往是探寻一种趋势，或弄清一个演变过程。其优点是能突破时空的限制，调查资料也便于汇总整理和分析。但这种方法一般只能作为调查的先导，而不能作为调查结论的现实依据。

（七）统计调查法

这种方法是通过分析固定统计报表的形式，把下面的情况反映上来的一种调查方法。由于统计报表的内容是比较固定的，因此适用于分析某项事物的发展轨迹和未来走势。运用这种方法，应当注意统计口径的统一，要把报表分析和实际调查相结合，不可就报表进行单纯分析。

（八）专家调查法

这种方法是指以专家作为索取信息的对象，依靠其知识和经验进行调查研究，对问题作出判断和评估。其优点是简便直观，尤其适用于缺少信息资料和历史数据，而又较多地受到社会、政治、人为等因素影响的信息分析与预测课题。

（九）典型调查法

这种方法是指在特定范围内选出具有代表性的特定对象进行调查研究，借以认识同类事物的发展变化规律及本质的一种方法。在调查样本太大时，可以采用这种方法。但要注意选择对总体情况比较了解、有代表性的人作为典型调查对象。

（十）蹲点调查法

这种方法是指调查者持续较长时间深入到一个或几个基层单位，进行全面、深入调查研究，认识调查对象本质及其发展规律、探索解决社会问题途径的方法。

（十一）入户（单位）调查法

这种方法是指调查者到被访者家或工作单位进行访问，直接与被访者接触，然后利用访问或问卷逐个问题地询问，并记录下对方的回答。

（十二）随机访谈调查法

这种方法是指调查者根据需要在街头巷尾随机选择一些人进行访谈调查，此种方法最适合于对一些社会问题听取民意。

（十三）观察调查法

这种方法是指调查者本人或利用相关机器在调查现场，在旁边观察其行动乃至社会行为的一种调查方法。被访者在被调查时并不感觉到正在被调查。

（十四）网络调查法

这种方法是指借助互联网广泛开展调查研究的一种方法。互联网是一个超大信息库，可搜集大量的信息资料，同时还可利用网络开展问卷调查、专家访谈、大数据分析等调查。由于网络具有即时、交互、远程、便利等特性，目前网络调查法的应用越来越广泛。

（十五）电话调查法

这种方法是抽取一定的调查对象，通过电话访谈，从而了解获得信息的方法。此种方法多用于民意调查、市场调查等领域。

（十六）视频调查法

这种方法是指调查者根据工作需要，选择特定对象，通过视频的方式进行直接访谈，以及时了解相关现场情况的方法，其优点是快捷、直观、客观。

（十七）"解剖麻雀"调查法

这种方法是指调查者选取一两个具有代表性的调查对象，到现场进行全面、深入、细致、系统调查的方法。其优点是能够了解更多更实的情况，掌握大量可靠的第一手资料。

（十八）工作日志调查法

这种方法是指调查者自己或组织相关人员自行进行，按活动发生的先后顺序随时填写的一种职务分析方法。其优点是可在一定的时间内获取第一手资料，有利于掌握其特点、探索规律、优化工作流程、提高效率。

领导干部在实际工作中，不应拘泥于某种特定方法，应当相互交错、灵活运用这些方法，以求达到最佳效果。与此同时，要把微观调查和宏观调查、定性分析和定量分析结合起来，更有效、更准确地把握问题，为研判形势、作出决策提供坚实基础，从而完成好自己所承担的任务和使命。

（摘编自《中国井冈山干部学院学报》2022年第4期）

李雪勤

中共中央纪律检查委员会研究室原主任

调查研究三问

调查研究是我们深入现场进行考察，探索客观事物的真相、性质和发展规律的活动。重视和加强调查研究，是我们共产党人坚持辩证唯物主义和历史唯物主义的世界观、方法论的必然要求。那么，怎样才能搞好调研呢？这里围绕三个问题结合自己的实践试做回答。

一问：如何做好调研准备？

凡事预则立，不预则废。一旦领导要求或者工作需要开展调研，我们就要做好调研准备。一是确定调研主题。每次外出调研，除了摸情况、拉大网式的调研以外，一般还要有一个调研主题。同时心里也要有一个大致的调研报告提纲，这样提问题才有针对性。二是组织调研小组。除了大型调研以外，我们研究室一般外出调研，往往由2—3人组成一个调研小组。当然，如果是为了培养和锻炼人才，那么多一两个人也没有关系。如果是一个大课题，那么就不限人数了。如果调研主题明确，调研提纲也大致清楚，甚至可以事先做好分工。三是事先发出通知。这样可以让地方的同志有个准备的阶段。

当然，开展调研，通常需要有大致的选题。如何确定选题？需要做到"四个围绕"：一是围绕领导关心和关注的问题选题。我们是为领导出谋划策的参谋助手，因此，选题必须以领导的要求为标准、以领导的满意为目标。比如，有一次在新疆开座谈会，有同志说当前脱离群众的问题相当严重，建议中央领导专门就这个问题作一重要讲话。后来我们在收集大量资料的基础上，认为当前脱离群众的问题最突出，解决这个问题也最有针对性。我们就建议围绕这个主题起草领导讲话，得到了领导的同意。二是围绕本单位中心任务、特别是当前工作中的重点难点问题选题。三是围绕与群众利益密切相关、受到普遍关注的热点问题选题。比如，我们针对基层干部作风和村干部腐败问题进行调研，形成的《加强"三资"监管是预防村干部腐败的关键》的调研报告，得到领导批示转发各地。四是围绕新出现的苗头性、倾向性问题或社会争议较大的问题选题。

二问：调研中如何有效开展座谈？

在调研工作中，经常会采取座谈的形式。那么，怎么在调研中组织座谈？一是控制会议规模。一般的座谈会，人数多了不行，少了也不行。根据我们的经验，人数控制在8—10人比较合适。这样每个人可以发言15—20分钟。如果调研课题比较小，人数还可以多一点，但发言的时间要控制在10分钟以内。毛泽东1941年在《〈农村调查〉的序言和跋》中说过："开调查会每次人不必多，三五个七八个人即够。必须给予时间，必须有调查纲目，还必须自己口问手写，并同到会人展开讨论。因此，没有满腔的热忱,没有眼睛向下的决心,没有求知的渴望,没有放下臭架子、甘当小学生的精神,是一定不能做、也一定做不好的。"二是主导座谈进程。现在大家往往按照提供的名单顺序先后发言,这是一种方法。也可以在讲清楚意图和时间要求后,请大家自主发言。座谈过程中,一定要按照调研主题进行提问和引导,不要把调研座谈会开成漫谈会。三是注意做好记录。四是尽量多听少说。

此外,在调研中掌握一些小窍门,有益调研工作。具体有以下几点:一是进行个别访谈。个别访谈的好处是,访谈者没有心理负担,可以把大家在一起时不好说的内容都跟你说,能够谈得深、谈得透。个别访谈的不足是,如果每个人都作个别访谈的话,就太占时间。二是重视实地察看。到一个地方,除了召开调研座谈会以外,还可以去几个地方看一看。三是及时梳理消化。如果时间允许,最好是白天调研,晚上抽空整理材料、提炼观点,及时把当天的重要收获摘录下来,充实和调整调研报告的提纲。同时,还可以把需要继续了解的问题拉出清单,以便第二天继续提问或者请他们提供材料。这样可以"趁热打铁",也便于"拾遗补阙"。四是加强团结协作。要加强调研组内部的团结协作。一个调研小组 2—3 人,可以分分工。带队领导主要是主导调研进程，在开展座谈时主持会议。会议记录要尽量全面，特别是要注意记好插话，这往往是精彩的东西。

三问：如何主持或者参与他人主持的调研会？

有时在调研中需要召开调研会议，而且我们往往会碰到有的人发言离题、有的人发言啰唆、有的人观点有问题的情况。碰到这样的情况，如果我们作为调研座谈会主持人该怎么办？第一种情况是发言人的发言离题。这就需要我们通过提问、解释、介绍等方式进行引导，把发言人的话题引导到你所设定的主题上来。第二种情况是发言人啰唆。就是有的人发言边念稿子边插话，非常啰唆，还要超过时间。这时你就要善于控制好情绪，不要急躁，尽量让他讲完。然后，再提醒后面发言的同志注意把握时间。这是一种涵养。第三种情况是发言人的观点不太正确。特别是在召开专家学者座谈会时，有的专家的观点可能会有点问题。这时候主持人就要把握住：如果只是一般的问题，就不要打断他的发言，这是对发言人的尊重，也是我们保障他们畅所欲言的应有权利；如果观点有严重问题，但只要不是政治反动的问题，我们就要通过问话、探讨等方式进行引导，但态度要和气，不要有盛气凌人的感觉。

如果在参加别人主持的调研座谈会时，我们要注意两个方面的问题。一要注意时间观念。我们召开一个座谈会，一般安排在3个小时之内，往往会找8—10人参加，一般要求每人发言时间为15—20分钟。这样，大家就都要看一看会场的总体情况，看一看自己的发言时间大概应该控制在多少分钟以内，以便给主持人留出总结的时间。二要提高随机应变的能力。有的同志发言时往往照本宣科念稿子。有时我们有的领导同志会说，稿子你不要念了，能不能讲一讲还有什么需要反映的问题。这个时候，有的同志随机应变，反应敏捷，很快就能够把事情一二三四讲清楚，思路清晰，逻辑严密，既结合了稿子，也有稿子里没有的内容，得到了领导的肯定。

（摘编自"长安街读书会"理论学习平台2021年11月18日）

江 宇

国务院发展研究中心研究员、
中国国际发展知识中心信息管理处副处长

怎样写好调研报告

调研报告是展示调查研究成果的工具，写报告是把感性认识上升为理性认识的过程，是调研者深入思考的结晶。一篇好报告如同画龙点睛，能够让调研成果系统化，影响领导、号召群众、推动工作。相反，调查做得再好，如果写不好报告，那么调研的收获就只能烂在调研者肚子里，很难传播出去，调研效果就打了折扣。大兴调查研究，写调研报告是不可或缺的功夫。下面，我围绕如何写好调研报告,谈谈个人体会。

一、什么样的调研报告才是好报告

调研报告有很多类型,有的提供情况、作出判断;有的分析形势,作出预测;有的发现问题,提出建议。类型不同,写法不同,但好报告有一些共同特点。

第一,开门见山,不说废话。

调研报告是应用文,应当开门见山,不绕弯子,可有可无的话一句不写。1961 年,针对三年困难时期出现的问题,党中央号召全党大兴调查研究之风,陈云于 6 月 27 日到 7 月 11 日,在上海青浦县(今青浦区)小蒸人民公社住了半个月,进行深入调查,又到江苏、浙江进行调研,形成了有关母猪是公养还是私养、种单季稻还是双季稻、自留地等三个专题调研报告。这三篇报告的引言是这样写的:

六月下旬到七月上旬,我在上海市青浦县小蒸人民公社住了十五天,进行了农村调查。这里是我一九二七年做过农民运动的地方,新中国成立后也常有联系,情况比较熟悉。在我去之前,由薛暮桥带了一个工作组先去调查了一个星期。工作组中有两位同志，是一九二七年和我同在此地做过农民运动的。农民知道我们，所以敢于讲话。我听了公社党委两次汇报，召开了十次专题座谈会，内容是：（一）公养猪，（二）私养猪，（三）农作物种植安排，（四）自留地，（五）平调退赔，（六）农村商业，（七）公社工业和手工业，（八）粮食包产指标、征购任务、农民积极性，（九）干部问题和群众监督，（十）防止小偷小摸，保护生产。这些座谈会，有几次主要是向农民做调查，有几次是和公社党委交换意见。我自己还去农民家中跑了若干次，观察他们养猪、种自留地、住房和吃饭等情况……此后，我又到杭州、苏州，找了与青浦情况相仿的嘉兴专区几个县……就养猪、农作物种植安排、自留地等三个问题，同上海市委、浙江省委、江苏省委交换了意见。现在把这三个问题的调查材料送阅，供参考。

这段话就是开门见山的典范。今天有的同志写报告，往往开头先来一段"农业是国民经济的基础""民以食为天"的大道理，再说上级提了什么要求，然后讲我地区、我部门形势大好，同时也存在了一些问题，为了解决问题，我们搞了调查……陈云为什么不写这些呢？因为没有必要。这篇报告是呈送党中央和毛泽东等领导同志的，还需要再和他们说农业的重要性吗？单刀直入直接说我去哪、我干了啥就行了，缺乏针对性的泛泛而谈，一概不要写。

还有几句看似"闲话"："这里是我一九二七年做过农民运动的地方""工作组中有两位同志，是一九二七年和我同在此地做过农民运动的。"如果我们模仿，是不是调研报告里也要写"我去某地调研，正好市委党校有个我的同学，请我吃了顿夜宵"之类的呢？这倒未必。陈云之所以强调这些，是因为这次调查研究的背景是工作中出现浮夸风、瞎指挥、群众不敢说话等现象，所以强调作者是通过"老熟人"进行调研的，农民敢说真话。这两句"闲笔"，也有重要信息量。

第二，用事实和细节说话，让人身临其境。

用事实和细节说话，是调研报告同其他文体相比最大的特色。为论证母猪是公养好还是私养好，陈云召开了两个座谈会，带队观察了十个养猪场，对喂食、垫圈、保胎、接生、喂奶、防寒保暖等环节进行了细致入微的观察，甚至发现"夏天在猪棚内垫些水草，母猪睡在上面比较清凉""对最后生下来的比较瘦弱的奶猪特别照顾，把它放在奶水最多的第三个奶头上吃奶"等细节，让人身临其境，读了之后不得不信服。

我2011年到一家县医院蹲点调研半个月，在同医院干部职工广泛交流后，他们告诉我：每年都有几位护士因为收入低、负担重、无暇照顾家庭而被迫离婚。这个细节从侧面揭示了影响队伍稳定的问题。与之形成对比的是，2017年我去福建三明市尤溪县调研，一位护士说到医改之前她的收入不如爱人（她爱人是县政府的公务员），改革之后，收入比爱人高了近一倍，在家里也更有话语权了。我在几篇报告里都写了这样的细节，生动说明了医改的效果。

第三，要有鲜明观点，支持什么、反对什么，一目了然。

好的调研报告，不是现象的罗列，而应该从现象的联系中提炼出鲜明的观点，一是一、二是二。作者支持什么、反对什么，要一目了然，斩钉截铁，不能总是"一方面、另一方面"，这样也行、那样也行。如果写不出明确的论断，就证明调查不到位，报告可以不写。

1969年，苏联、美国对我国安全均存在严重威胁，形势十分严峻。究竟如何调整外交战略？2月19日，毛泽东提出让陈毅、徐向前、聂荣臻、叶剑英四位元帅共同研究国际形势和战略问题，由陈毅牵头。6月7日至7月10日，四位元帅对国际形势进行了六次研讨，写出了调研报告《对战争形势的初步估计》。

写这类报告，一些流行的套路是：影响中美关系的因素：一二三四五，甲乙丙丁戊；影响中苏关系的因素：ABCDE，金木水火土……之后再说世界格局有四大背景、六大特点、八大趋势……观点都很有道理，但是到底应该怎么做——对美是攻是守？对苏是战是和？众多矛盾中主要矛盾是什么？破局的切入点在哪里——却找不到几句确凿的话。这样的报告就不是好报告，因为这种报告只有现象而没有观点。列宁曾经批评过这种写法："在社会现象领域，没有哪种方法比胡乱抽出一些个别事实和玩弄实例更普遍、更站不住脚的了……如果从事实的整体上、从它们的联系中去掌握事实，那么，事实不仅是'顽强的东西'，而且是绝对确凿的证据。如果不是从整体上、不是从联系中去掌握事实，如果事实是零碎的和随意挑出来的，那么它们就只能是一种儿戏，或者连儿戏也不如"。

中美苏关系，如果仅仅罗列和描述现象，可以写很多本书。但正如周总理在布置任务时说的"世界风云天天变，但是战略格局不是天天变，一个月讨论两三次就可以了。有了比较成熟的看法，请陈总归纳几条送给我"。

这篇报告就充满了这类"成熟的看法"，全是"干货"。报告开门见山指出：中、美、苏三大力量之间的斗争，既不同于第二次世界大战以前的"七强"并立，也不同于战后初期的美苏对峙。并作出几个重要判断——中苏矛盾大于中美矛盾，美苏矛盾大于中苏矛盾；在可以预见的时期内，美、苏单独或联合发动大规模侵华战争的可能性都不大；苏对我国安全的威胁比美大，但真和中国大打，还有很大顾虑和困难；美、苏都要别人当"出头鸟"，自己在后面捡便宜；我们的对策是"推迟战争，对我更有利"，"军事上积极防御，政治上主动进攻"……这些观点鲜明的判断，环环相扣、一气呵成，每句话都有大量事实和论证作为支撑，读下来就如同看到四位元帅在纵横捭阖、排兵布阵，指挥一场气势恢宏的战役。这篇及后续报告，为党中央调整外交大战略、改善中美关系，起了重要咨询作用。

四位元帅研判国际形势，是一次特殊的调查研究。这个题目很难进行现场调研，而是主要通过阅读资料、开展研讨得出结论，这是研究战略性、全局性问题常用的办法。毛主席安排的这个"调研组"也别具匠心：四位元帅都身经百战，又分别在外交、军队和科技领域担任领导工作。同时，还有杰出的外交和情报工作者熊向晖、外交部欧美司司长姚广两位助手。调研团队有宽广的战略视野、完整的知识结构、丰富的斗争经验，按照矛盾论、辩证法的科学方法开展研究，敢于提出大开大合的判断和建议，这些都值得我们搞调研时学习。

第四，文风朴实，坚决克服党八股。

古人说"文以载道"，"道"就是真理，真理是朴实的，因此载道的文字也应该是朴实的。调研报告的功能是提出问题、分析问题、解决问题，就更不要刻意追求句式整齐、形式华美，为了形式而割裂了思想和逻辑。《青浦农村调查》写道：

"农民对我们党有赞扬，也有批评。他们的意见和情绪，概括起来有四：一是粮食吃不饱；二是基层干部不顾实际、瞎吹高指标，参加劳动少，生活特殊化；三是干部在生产中瞎指挥，不向群众进行自我批评；四是没有把集体生产组织好，农民的积极性差。"

这四点就没有刻意凑成排比句，而是自然朴实，读起来让人印象深刻，毫不矫揉造作。网上流传过一些所谓"爆款"讲话稿，从头至尾辞藻华丽，大排比句套小排比句，小排比句套四字短语，一二三四，甲乙丙丁，但是没有一句是自己新的思考，没有一句话结合了自己的具体工作，这是官僚主义、形式主义的文风，要坚决反对。我们还有些习惯性的套话，比如，发现一项工作存在问题，往往不直接说"有问题"，而是拐弯抹角说"××工作有待加强"，或者再委婉一点，说"有待进一步加强"。我们要学会克服这样的文风。实事求是、批评和自我批评是我们的优良传统，没有特殊理由的话，尽量直来直去。实实在在、清清爽爽就是最好的，宁可没有文采，也不要弄巧成拙。朴素大气、庄重典雅，用事实和思想征服人，本身就是一种更高层次的文采。毛泽东的古文和诗词水平很高，但他的文章全是大白话，工人农民都爱看，这是我们应该学习的文风。

第五，因时而用，有时效性。

文章因时而用，好的调研报告应该反映苗头性趋势、回答当前迫切的问题，或者抓住特殊的契机推动工作。例如，2017年2月，特朗普刚刚上台，一家智库提交了关于特朗普财税政策及其影响的报告，就发挥了重要作用，如果这样的报告推迟几个月写，等特朗普当局的政策已经明朗了，报告的意义就打了折扣。再如，2020年3月，广东省发出通知，部署迅速开辟"绿色通道"，为尚未在编的支援湖北医务人员办理编制。看到这个新闻，我立刻想到，社会上一直有取消公立医院编制制度的错误观点，影响很大。在疫情防控形势下，公立医院公益性和医务人员的贡献，更容易得到全社会认同。鉴于此，我在长期调研的基础上，再次对公立医院编制有关问题进行了快速调研，写成《疫情证明：绝不能取消公立医院医生编制制度》的调研报告，并通过有关渠道反映，推动了坚持和加强公立医院编制制度有关政策。

第六，对人民负责，经得起历史检验。

"文章千古事"。我们写调研报告，固然是完成工作任务，但也是历史记录，千百年后还会有人评价的，所以一定要有历史担当，要对人民负责。2006年之前，某市实施了以公立医院全盘私有化为导向的所谓"医疗改革"，并且在主流媒体上作为"先进经验"包装宣传。北京大学李玲教授带领调研组对此进行了8天调研，我作为研究生参加了调研。调研的基本方法是不惊动当地政府，近十名教师和学生以患者身份去各类医院挂号就诊，在就诊过程中调查和访谈医生和患者，然后再听取有关部门意见。调研组认为，该市将全面市场化改革手段用于已被理论和实践证明行不通的医疗卫生领域,"看病贵"问题没有得到解决,老百姓的医疗负担反而加重,潜在医疗卫生问题令人担忧。调研实施和发表过程中遇到了一些阻力,报告发表之后又引起了激烈的争论。但事实证明这一报告的结论经得起历史检验。2016年,习近平总书记在全国卫生健康大会上指出:"无论社会发展到什么程度,我们都要毫不动摇把公益性写在医疗卫生事业的旗帜上,不能走全盘市场化、商业化的路子",特别是在全民战疫中,坚持公立医院公益性、反对私有化进一步成为社会的共识。

我们进行调查研究,只要深入下去,往往会遇到所谓"敏感"问题,触及一定的利益;调研形成的观点,有时是"少数派",周围有反对意见。但只要这些观点是从实际出发、符合党中央要求、符合人民根本利益,就要坚持,当然也要虚心听取意见并完善,这样终究会对社会进步起到积极推动作用。

二、如何选择调研题目

下面就按照步骤谈谈怎样写好一篇调研报告。"做调研"和"写报告"不是两个孤立的过程,而是互相交织的。在田间地头调研时,就要想着报告怎么写;回宿舍休息时,就可以把思维片段记录下来；饭桌上、乘车时，就可以和一起调研的同志交流观点，一路走、一路想，报告的框架就可能初步成型了。反过来，写报告绝不是在办公室闭门造车，而是要一切从自己的调查中来，千万不要去抄什么"模版"、"范文"，这只会写出质量低劣的东西。

选好题目是写好报告的前提。即使是命题作文，也要自己选择角度。对领导干部和研究人员来说，调研报告选题要把握三个方面。

第一，聚焦大局，围绕中心任务和人民群众关心的问题。例如《对战争形势的初步估计》《青浦农村调查》显然都是抓住了当时党和国家最紧迫的问题。2023年是全面落实党的二十大精神的开局之年，经济运行好转主要是恢复性的，内生动力还不强，需求仍然不足，经济转型升级面临新的阻力，推动高质量发展仍需要克服不少困难挑战。在这种情况下就要关注，经济发展新动力在哪里？居民消费、就业的困难如何解决，如何实现高质量发展、乡村振兴如何补上短板、改革如何排除阻力等问题。在日常生活中、走亲访友中，老百姓谈得最多、抱怨最大的问题，就是我们调查研究要关注的问题。

第二，精准选择角度，切忌"上下一般粗"。要"顶天立地""小题大做"，题目要有大局意识，但是写起来要脚踏实地，把一个小角度写深、写透。千万不要"上下一般粗"，比如，中央讲高质量发展提出五方面要求，你也写一篇"如何实现我区高质量发展"，把这五方面要求复述一遍，再点缀一些本地的例子，这样写很难避免流于形式。当然，不是说不能写"高质量发展"这样的大题目，但是一定要结合本地区、本部门的实际，例如分析本地区同全国相比，实现高质量发展有哪些独特的优势、哪些短板，如何扬长避短？这样写就结合了实际。如果到网上抄几条：认识不深入、政策不协调、投入不到位、群众不配合……这样的"万能模版"是文字垃圾，要坚决扔掉。

第三，写出新意。写别人从未研究过的问题，当然会充满新意，但是这种机会不多。对于人们比较熟悉的甚至司空见惯的问题，能发现新的苗头性、趋势性动态；提出同目前主流印象不一致的新认识；对老问题提出新的解决办法；用新的理论框架分析现有问题并提出对策；引用外地或者其他领域的相关经验触类旁通，都可以使调研报告具有新意。例如，我自2019年以来，对山东省烟台市首创的"党支部领办合作社"进行了多次调研。为什么选择这个题目呢？因为农村"集体穷、支部弱、群众散、产业衰"是全国普遍存在的问题，中央提出"产业振兴、人才振兴、文化振兴、生态振兴、组织振兴"的目标，对此也有很多调研。但是进一步问一下：牵牛要牵牛鼻子，这五大振兴里面哪个是"牛鼻子"？目前很多观点认为，产业振兴是牛鼻子，理由是如果没有产业，其他几个振兴也实现不了。这固然没错，但再进一步提问：为什么当前产业振兴还面临很多困难和堵点呢？为什么城市的各种资源难以进入农村呢？烟台恰恰是抓住了"组织振兴"这个牛鼻子，通过党组织领办合作社，首先把农村内部的资源整合起来，这就打通了城乡资源流动的堵点，突破了流行的就产业论产业、单纯抓生产力的片面做法，而是通过构建新的生产关系来推动生产力发展。这就属于用新办法解决老问题，从这个角度进行调研，就是有新意的。

三、调研前的准备工作

汉语"研究"一词，研字是石旁加开，精诚所至，金石为开。司马迁自述"究天人之际、通古今之变，成一家之言"，究就是要一问到底、一追到底。英语"research"，字面意思是"反复寻找",这都说明研究是一个长期反复的艰苦过程。调研之前,一般要做这么几件事。

一是读书,阅读本领域经典的研究著作,对首次接触的领域,至少浏览5—10本之后,才能形成初步印象。

二是要查找一些文献。包括网络文献和学术文献,掌握本领域的主要代表人物、代表性观点。

三是开展预调研。一般是通过现场观察、电话交谈等方式,非正式地向熟悉本领域的一线同志了解基本情况,形成初步的印象。

四、如何实施调研

关于实施调研的方法,其他文章已经有很多论述,这里只补充几点。

——制定调研提纲要接地气。提纲中提出的问题,要让群众看到之后能够直接回答,千万不能把公文语言、学术语言直接复制粘贴当作调研问题。例如去医院调查过度医疗现象,一般不能直接问医生或患者"你们这有过度医疗吗",或者拿问卷给人家填:某某医院过度医疗现象 A. 非常严重 B. 严重 C. 不严重……这就是一种偷懒的办法。概括、判断、分析是调研者自己的任务，不能推给调研对象帮你作判断。调研过度医疗，应该从患者的病情、医生的医疗行为、科室的分配考核办法等能够直接看得见、摸得着的事实入手。特别对于年轻干部和学者来说，要摈弃精英意识，同工农群众相结合，才能真正写出好的调研报告。

——选择调研对象要有代表性。例如研究制造业，就要兼顾轻重工业、传统工业与新产业、各种所有制企业、大中小企业等；有条件的尽量自己选择调研点，既要选择样板、典型，也要选择问题突出、发展落后的，好中差兼顾。

——调研方法要简化。不要追求调研的阵势大、方法复杂炫酷，实用的才是好方法。建议读者阅读武汉大学吕德文教授《大兴调查研究，给领导干部提十条建议》一文，其中提到：问卷调查、大数据之类的，没必要专门弄。调查主要用实地观察和访谈法就行。这两个方法，技术上没什么门槛，就看用不用心。调查是特别简单的事情，下去就行了。三两个人谈一谈就好，人多了，搞座谈的效果就差。别让人准备，不需要稿子，聊到哪里算哪里。调查的核心不是数据和资料，而是围绕数据和资料的讨论，得了解基层的真实看法。把调查搞成问题解析会和学术讨论会最好。

这里举一个例子。2008年6—12月，国务院参事室组成调研组，在陈全训参事带领下，进行"深化公立医院改革"专题调研。调研背景是有关部门正在制定医改方案，但公立医院改革部分相对薄弱、缺乏共识。调研组先花一个月时间同知名专家进行单独访谈，制定了调研提纲。接下来赴上海、河南、江苏、云南、四川五个省份，分别进行1—2周调研，四个省各选择一个较发达和一个欠发达地市，调研相关政府部门，在医院分别召开管理人员、医务人员、患者及家属的座谈会；到社区和村庄召开居民座谈会，走访长期患病居民家庭；在一些地方还分头乘出租车暗访了一些医院，同值班医生和患者交谈。第一阶段调研结束后，课题组集中一个月时间，讨论和撰写报告，报告初稿形成后，对于没有共识的问题，又对江苏、北京等地进行了补充调研，并再次集中修改报告。这一报告对制定医改方案起到重要咨询作用。

——做好记录。尽量不用先录音再整理的办法，这会丢失很多信息，最好在谈话过程中就随时用笔进行记录。注重收集能够反映观点的数据、图像、文件等。

——形成观点要多次反复。在调研过程中形成的思维碎片，要随时收集整理，反复揣摩验证。可以通过单位或课题组内部交流沟通、同有关部门交换意见、邀请基层一线同志和外部专家论证等方式完善观点。

五、如何下笔写作

经过以上步骤，调研报告的主要原材料初步到位，就可以开始"炒菜"了。写作过程要把握几点。

——如何布局谋篇。文无定法，报告的结构根据主题来确定。以发现问题为主题，就是提出问题—分析问题—解决问题；以介绍基层创新为主题，就是介绍创新—分析经验—阐释意义；以调整现有政策为主题，就是提出观点—论证观点—补充说明（例如青浦农村调查）。

——全篇从头到尾应该是一条逻辑主线，一般不要有岔道，不要让读者走回头路。讲问题、讲现象的地方就专门讲问题和现象，讲建议的时候就只讲建议，不要在讲建议的时候再回过头来描述和分析现象。

——要概括，会"合并同类项"。调研所见所闻丰富多彩，但调研报告不是写游记，不能记流水账，而要进行理性思考和提炼。比如，福建三明是我国医疗改革的典型，我自2013年起每年都去调研。三明医改有许多创新，一条条列下来有20多条，但如果这样写报告的话，就会冲淡主题，让读者抓不住重点。我在写报告时将其概括为解决了三个问题：一是钱的问题，彻底取消药品加成，整顿药品流通使用秩序，控制医药费用。二是人的问题，大幅增加医务人员合法收入，规范收入分配。三是管理问题，即如何建立公立医院考核制度，坚持公益性办院方向。这就好比我们形容一个人，关键的几句话就够了：关羽"卧蚕眉、丹凤眼、美髯公"，林黛玉"两弯似蹙非蹙罥烟眉，一双似喜非喜含情目""心较比干多一窍，病如西子胜三分"几句话就说清楚了。写调研报告，无论是发现问题还是总结经验，如果轻易就写十几条出来，那一定是没有抓住重点，没有提炼好，下的功夫不够。要把你观察到的现象背后最为关键、最为实质的东西提炼出来。

——特别注意提炼标题、小标题、导语。夸张点说，要把50%以上的功夫花在提炼标题和导语上，要逐字逐句地斟酌，因为大多数人看报告主要看这部分。观点要鲜明，在形式上表现为，读者拿到报告时，主要的观点一眼就能找到，看完就能记住。

——观点、材料和论证要合理布局。观点要简练，因为调研报告不是议论文，不需要大段议论。基层调研的一手材料是最好的论据，特别注意多用数据、多用基层案例。适当引用调研中的生动语言、俚语，有助于增加说服力。

——善用数据，做"算账派"。有些调研报告喜欢大量罗列统计数据，各项指标是多少、增长率多少、在全省排名多少……一般来说，这样的意义不大。调研报告不要罗列数据，更不要抄统计年鉴，而是要精心选择最能够证明观点的指标，让数据讲故事，通过对比、匡算、预测，来证明观点。从基层获得的第一手数据不一定完整和精确，但是比统计数据更加直观。匡算是一种最常用的方法，也就是俗称的"算大数"。就是指在没有完善的统计数据的情况下，尽可能利用现有的数据挖掘信息，对有关变量的范围和趋势进行估计。有用的数据，通常是反映比例关系、变化趋势等的数据。例如，2011年全国实施基层医改之后，基层医疗机构恢复公益性，但也有些不支持改革的声音，认为改革之后"财政不堪重负""医生积极性下降""基层患者流失"。针对这些舆论，我参加了对五个省十几个县的乡镇卫生院的调研，最终发现，改革之后能否调动医务人员积极性，关键在于取消药品加价之后，财政补贴是否到位。我们分别测算了五个省对乡镇卫生院的补贴，按乡镇卫生院覆盖的人口平均，五省分别为48、85、39、27、12元，又经过不同县的比较，发现补贴至少要达到人均30元（按各省人均GDP进行标准化），才能避免医务人员积极性下降和患者流失。按此估算，全国补贴规模为420亿。又据某省测算，补贴达到上年乡镇卫生院收入30%即可确保改革后医生收入不下降，这样估算，全国补贴规模需要为510亿。这两个数据比较接近，可以互相印证。经过这些匡算，既回答了基层医改是否会给基层带来沉重负担，又回答了如何避免基层积极性下降的问题。

——理论联系实际。调研报告不同于学术论文，不需要大段理论阐述，而要把重点放在发现问题、解决问题上。但现象背后的理论依据、理论逻辑，要融汇到行文当中。表面看不到理论，但背后有理论。比如，我撰写过一篇分析中美贸易战对策的调研报告。中美关系是个老问题，现在中美关系和过去有什么不同？如果没有彻底的理论思维，就讲不清楚。用马克思主义政治经济学分析，美国次贷危机是资本主义基本矛盾导致的经济危机。掌握了这个理论工具，就能得出结论，美国发动贸易战等措施，不可能改变美国制造业衰落、两极分化、金融危机等根本矛盾，我们应该坚持"你打你的，我打我的"，不被美国当局牵着鼻子走。这篇报告并没有大段理论阐述，但恰当运用理论工具，就使得论证容易说服人。

——要反复修改。在确保时效性的基础上，尽可能多修改，要以"吟安一个字，捻断数茎须"精神，追求至善。另外，有条件的可以辅以新媒体等手段展示调研成果。

六、如何快速入门

写报告是个硬功夫，没有捷径可走。但有些技巧可以有助于提高水平。

第一，多读经典文献。多读才能学会写。毛泽东、陈云等领导人，薛暮桥、费孝通等大家的调研报告，《建国以来重要文献选编》等，是我们撰写报告的范本。

第二，参加集体改稿。"三个臭皮匠，顶个诸葛亮。"对初学者来说，多参加集体改稿，特别是把报告投影出来，由有经验的同志主持，大家围在一起，一字一句修改，是快速提高水平的有效办法。

第三，自己要建个"根据地"。不管从事什么专业的同志，要把自己专业领域搞深搞透，成为专家。这样才能掌握分析复杂问题的综合能力，在遇到新问题时就可以触类旁通，容易上手。

第四，要读一些历史和古文。发展马克思主义，要坚持把马克思主义和中国具体实际相结合，同中华优秀传统文化相结合。社会科学遇到的一切问题，都离不开对历史经验的研究。多读历史，有利于增加智慧，增添底蕴。读一些古文或者诗词，能够培养语感，让语言更加典雅、优美、简练。

习近平总书记要求文艺工作者"胸中有大义、心里有人民、肩头有责任、笔下有乾坤"，新闻界常说"笔下有财产万千，笔下有毁誉忠奸，笔下有是非曲直，笔下有人命关天"。这些话也应该是我们写调研报告时牢记的。谨与读者共勉。

吕德文

武汉大学社会学院教授

以问题导向引领"调研方向"

中共中央办公厅印发《关于在全党大兴调查研究的工作方案》提出,"党中央决定,在全党大兴调查研究,作为在全党开展的主题教育的重要内容,推动全面建设社会主义现代化国家开好局起好步",并强调,"必须坚持问题导向,增强问题意识,敢于正视问题、善于发现问题,以解决问题为根本目的,真正把情况摸清、把问题找准、把对策提实,不断提出真正解决问题的新思路新办法"。这为全党大兴调查研究指明了方向,提供了遵循。问题导向是调查研究的起点，也是终点。正确提出问题，科学分析问题，合理解决问题，是判断一个调查研究工作是否成功的根本标准。

调查研究要有明确的问题意识

调查研究要有明确的问题意识，回答特定的问题。大体而言，问题意识源自三个方面：一是调查研究的背景；二是调查研究的目的和意义；三是调查研究中发现的具体问题。

调查研究的背景指的是某一项具体调查研究开展的由来。没有哪一个调查主题是无中生有的，对特定背景有理解，可以提高问题提出的准确性，有助于理解调查目的的必要性。毛泽东的《湖南农民运动考察报告》之所以是调查研究的名篇，在于这篇光辉文献回应了时代背景。该调查研究既有时代属性，和他之前的《中国社会各阶级的分析》一脉相承，又有现实需求，客观呈现了农民运动的现状和主要矛盾，具有极高的理论价值和实践意义。

调查研究的目的指的是启动某个调查研究工作是为了解决何种问题，达到什么目标？调查目的是否明确，有没有合理地回应研究背景，决定了调查研究的"立意"是否高明，理论和现实意义有多贴切。有些调查，一开始就是出于解决实际问题，寻求具体对策而展开的，这种调查主要存在于政策研究中，其目标比较明确，直奔主题而去。要做到这一点，就要求调查者对调查主题有一定了解，事先准备调查提纲，对调查成果要有大致判断，进而保证调查实施有的放矢。

正确的问题意识，源于理论与经验，政策文本与政策实践之间的悖论。有些问题，很可能在理论上有说法，在政策上也有依据，但在经验上却呈现出和理论假设不一样的情况，在实践上也出现了意外的后果，这就需要在调查中将理论和政策还原为具体的经验和实践，进而让"悖论"具体化。只有在具体的调查研究工作中发现的，且在经验上可理解的问题，才是真正的问题意识。

具体问题具体分析

有了明确的问题意识，正确地提出了研究问题，就需要对问题展开科学分析。其中的关键是，对具体问题展开具体分析。概言之，具体问题具体分析是矛盾的普遍性和特殊性的统一。很多调查研究没法深入，是因为没有把握矛盾的特殊性，对调查问题没有具体化；很多调查研究尽管掌握了丰富的数据和资料，却无法得出新认识，是因为没有把握矛盾的一般性，对调查问题没有作归纳总结等适当的抽象处理。

一般而言，具体问题具体分析包括客观性、整体性和本质性三个方面。

客观性指的是，对调查问题的分析需要秉持价值中立的原则。任何一个调查研究者都有出现主观主义的风险，因为出身不同、利益不同、知识结构不同，从而具有不同的立场和价值倾向。在调查研究过程中，重要的是"想事"而非"想词"。一些调查研究者容易陷入教条主义的境地，对既有的理论假设没有反思，只能用大而化之的概念去覆盖具体现象，用既成的理论逻辑去代替经验内部的关联。有些调查研究者又容易陷入朴素经验主义中去，容易用一些特定时期特定地区的地方性知识，一般化为普遍规律。"想词"的调查研究，在现实中则较为突出。比如，有的地方热衷于基层治理创新，每一个创新都希望有理论成果，都想成为全国其他地方的治理示范。但所谓的理论总结或经验借鉴，都是一些似是而非的"大词"，真正能够揭示创新经验本质的地方性知识，反而没有得到很好的分析。这种调查研究，看似是有资料、有证据，但仍然偏离了客观性原则，犯了主观主义的错误。

整体性指的是，调查研究需要秉持整体主义的进路，对整体和局部的关系要有清晰定位。调查研究中所发现的问题都有前因后果，和其他问题都有相关关系，只有把问题前后左右的相关因素搞清楚，对其所在的特定的历史条件和环境条件有所把握，才能避免片面性。比如，做任何一项政策调查研究，最好对议程设置、决策、执行、评估、反馈等几个环节的关键行动者有所认识，对政策过程体系有整体把握，这样才能对政策问题有整体把握。在政策研究中，"体系"是整体，各个"环节"则是局部。如果有整体性的视角，就不至于将政策问题简单地归咎于是决策不接地气，或是执行偏差的问题，从而避免主观主义的陷阱。一旦将具体问题置于具体环境条件中，就能够获得整体性。任何一个单独存在的现象都是"局部"，但现象之间的联系体则构成了"整体"。

具体问题具体分析的终极目标是"透过现象看本质"。要达到这一目标，前提是要充分占有材料。只有充分占有材料，才能对材料本身进行分类整理，在材料的比对和联系中"去伪存真、去粗取精"。但充分占有材料并不会自然形成对问题的深刻把握，它还得建立在对材料的充分解释上。调查者需要形成内部视角，对材料进行"在地化"理解，掌握相关方对该问题的看法，尽可能还原出问题的全貌，即在特定历史条件和环境条件下形成的认识。调查者也需要形成整体视角，对材料进行一般化理解，在充分消化特殊性基础之上形成规律性认识。对于一项具体的调查研究来说，"在地化"理解和一般化的理解是来回穿梭的过程，它们不可分割。有具体的抽象，才是有解释力的理论；而有抽象的具体，才是可被认识的现象。

合理地解决问题

通常而言，正确地提出问题，并进行了具体问题具体分析后，解决问题是顺其自然的事。但任何问题的解决，都有个"度"。人们通常都认为，问题得到彻底解决是最好的，但在实践中还得辩证看待。

从一般规律来说，"问题"具有普遍性，解决某个具体问题是可能的，但要让某一项工作与问题绝缘，则是不可能的。社会中存在一定的问题并不可怕，关键是要对问题本身有控制，这样反而有益于社会的良性运行。

调查研究中所指的解决问题，主要指的是对问题有一个合理解释。具体而言，合理的解释包括三个方面。第一，问题是普遍的还是特殊的？在理论解释中，问题的特殊性源自某个特殊变量引起的问题；如果将这一变量控制了，某一个具体问题的表现则具有普遍性。所谓具体问题具体分析，很大程度上就是指在一般性条件下，把某些特殊变量找出来，进而对问题具体化。调查研究既要调查一般，比如，任何一个地方的自然和社会条件、制度文化等，也要调查特殊，又如，一个地方是不是存在某些特殊的变量，这一特殊性在多大程度上决定了问题的性质。

第二，问题是整体的还是局部的？不同的解释层次，对问题的判断会有极大差别。一般而言，问题的解释分为宏观、中观和微观解释。宏观主要解释一般性，微观则主要解释特殊性，而中观则介于一般性和特殊性之间，是具体的解释。在大多数调查研究中，中观解释尤其重要，它既要理解问题的一般规律，又要理解问题特殊性。到底采取哪一种层次的解释，主要是服务于问题意识。比如，如果调查研究主要服务于对宏大社会结构和社会变迁的认识，服务于宏观决策，则抓住几个具有普遍性的关键变量做宏观解释，是合理的。如果调查研究服务于某个专题问题的认识，服务于某项具体政策的制定，则建立在与这些专题和政策密切相关的变量基础上的机制性的解释，就极其关键。如果调查研究只是为了理解某个具体现象，尤其是"细节"，以及服务于某项具体政策的执行情况，则微观解释就变得极其重要。合理的解释要避免问题意识和解释层次之间的错配。一方面要避免"以偏概全"，用局部的调查结论去解释整体性质。另一方面也要避免"以全盖偏"，不犯统计学上的"层次谬误"，仅仅基于群体的统计数据就对个体性质作出描述。

第三，问题是长远的还是短期的？从根本上说，长远的问题和暂时的问题，只是普遍和特殊、整体和局部关系在时间上的表现。社会问题往往具有极强的历史性，从历史的角度去看问题非常关键。

在大兴调查研究过程中，历史遗留问题是一个重要的调查对象。对历史遗留问题作历时性的描述，并对该问题在不同历史阶段的不同表现进行概括，从而对问题的性质作出准确判断，本身就是一种提供解决问题的思路。有些历史遗留问题，"历史"本身就在起作用。在不同的历史条件下，政策环境不一样，人们的诉求自然有所不同。甚至于，不同时期的政策相互矛盾，这也增加了问题的复杂性。有些问题，积累时间越长，牵扯的利益群体越多，矛盾就越大；但有些问题，则会随着时间的积累，利益相关方逐步退出，而自然消解。

问题解决的合理性，很大程度上取决于调查研究者的"站位"。这些年，很多地方都在创新，但有的所谓创新经验，一开始就出现了"站位"问题，用基层执行者的视角代替了顶层政策设计，这种基层经验实际上难以复制推广。如果处于决策位置的调查研究者不加以分析，就会出现把特殊的、局部的和短期的经验，当成一般的、整体的和长远的政策的错误，让决策脱离实际。在这个意义上，解决问题的合理性是一般和特殊、整体和局部以及长远和短期相结合的结果。要做到这一点，既取决于科学的调查研究方法，又取决于调查研究者的角色意识。

调查研究中的问题导向，始于正确地提出问题，经过具体问题具体分析，终于合理地解决问题。任何一个调查，都不可能包打天下，也不可能穷尽问题的全部。因此，调查研究贵在具体，需要持之以恒，这是我们认识和理解社会，建设美好社会的常规工作。

（摘编自《湖北日报》2023年5月9日）

张国玉

中共中央党校（国家行政学院）
党的建设教研部教授

蹲点调研依然管用

蹲点调研、"解剖麻雀"是过去常用的一种调研方式，在信息化时代依然管用。正确的决策部署离不开调查研究，有力的贯彻落实同样也离不开调查研究。无论信息技术如何发达都无法替代蹲点调研，蹲点调研依然是新时代做好领导工作的重要方法。

蹲点调研关键在"解剖麻雀"

工欲善其事，必先利其器。蹲点调研作为做好领导工作的一个基本方法，核心就是四个字：蹲、点、调、研。

"蹲"强调要放下身段，深入基层、深入实践、深入群众，蹲下来听民情、解民意。"蹲"下来不仅是下马观花的调研方法，也体现领导干部的谦虚好学以及对基层群众的尊重。"点"意味着要选择有代表性的典型去"蹲"，这样才能够通过了解一个点的情况，把握事物的整体特点。"调"是指蹲点下去要做调查，全面深入了解事物各方面的真实情况。"研"则强调只有调查还不够，还要对事物各部分之间的关系进行研究和思考，从而把握事物的本质和规律。

蹲点调研有一个很形象的说法，叫"解剖麻雀"。麻雀虽小，五脏俱全。通过"解剖麻雀"，能够以小见大，从对个体的感性认识开始，实现对整体的理性认识，在认识事物的具体性和特殊性过程中把握普遍性和规律性，从而指导具体工作。

毛泽东喜欢用"解剖麻雀法"来研究问题，他指出"要从个别问题深入，深入解剖一个麻雀，了解一处地方或一个问题""往后调查别处地方或别个问题，你就容易找到门路"。在《寻乌调查》《长冈乡调查》《才溪乡调查》等著作中，都蕴含着"解剖麻雀"式的调查研究方法。正是在这些调查中，毛泽东洞察出领导中国革命的科学理论和正确道路。

蹲点调研通过深入研究具体典型，找出事物的特点、本质与规律。蹲点调研往往采取比较的方法，同时对几种典型进行调查、研究和比较分析，从而形成对事物整体的规律性认识。通过"解剖麻雀"，从每一个具体问题出发，得出一些相通性的结论，这样的结论和判断往往真实可靠。同时，通过"解剖麻雀"，不仅能够找出个性问题，还能够由此及彼、以点带面，找到共性问题。因此，"解剖麻雀"可以帮助领导干部从特殊性中掌握事物的普遍性，实现从感性认识到理性认识的转化。

蹲点调研是推动工作的重要方法

注重调查研究是马克思主义世界观的必然要求。马克思和恩格斯十分重视蹲点调研在实际工作中的运用。马克思拟定的关于各国工人阶级状况的统计调查提纲和工人调查表，每一条都像解剖麻雀似的非常具体细致，让世人直观了解到许多开展调查研究的方法。此外，马克思创作《资本论》的40年，都可以看作他对资本主义社会进行调查研究的过程。从这部著作中，我们可以感受到马克思的思想和观点处于不断变化和发展中，这是因为他始终下沉到群众之中，根据事物发展变化而不断思考。

与马克思一样，恩格斯在居留英国期间，也在纺织工人和工人住宅区与工人"同吃同住同劳动"。他还结识了一批社会主义者和工人运动领袖，密切关注和支持英国工人运动的开展。1845年，他通过细致的蹲点调研形成可靠材料，写成《英国工人阶级状况》。

中国共产党是以马克思主义为指导的政党，高举马克思主义伟大旗帜，学习运用马克思主义蹲点调研的方法开展工作自然是题中应有之义。

比如，到一个新的单位担任领导职务，如何尽快进入工作角色、了解熟悉整体情况？工作部署之后，基层落实的效果如何？解决这些问题，都离不开调查研究，特别是蹲点调研。一位领导干部在蹲点调研3天后说，与基层群众朝夕相处，由衷感觉心里踏实了，更加增添了信心和力量。领导干部要想在群众面前心里踏实，说话做事有底气，必须自觉主动地深入基层、深入群众，通过蹲点调研的方法广泛深入"接地气"。

做好领导工作，要情况明、方法对、决心大。情况明、方法对应该主要从领导干部亲自听、亲自看、亲自问中获得。蹲点调研能够使得决策部署真正建立在实事求是的基础上，根据自己的所见所闻，再通过分析、比较和思考，形成对事物情况和性质的准确判断。没有踏踏实实的蹲点调研，只依赖别人的二手信息，很难做到真正的实事求是，作出的决策未必符合实际。

蹲点调研重在选准典型比较分析

蹲点调研要掌握基本规律、基本要求、基本方法。抓住了这几点，对今天我们开展蹲点调研同样有借鉴意义。

比如，开展蹲点之前，要做好准备工作，最重要的是做好选题工作。从大的方面看，有经济、政治、社会、环境、外交、军事等方面，每个方面又有分支。选题时，一定要坚持问题导向，弄清工作存在什么问题，哪个问题需要着重加以研究解决，要重点围绕这个问题设计选题，切忌面面俱到。

选题确定后，就要设计调研方案，做到心中有数。方案一般应包括调研目的、对象、内容、方式、时间等。调研方式，可选择问卷法、访谈法、观察法、资料法等。

具体来说，蹲点调研应遵循以下基本程序。

明确目的，编制计划。这是搞好调研的基础和保障。调研计划的内容一般包括调研目的、对象、步骤、项目和方法等。

收集资料，初步分析。在开始调研前，领导干部应围绕调研目的，多渠道搜集有关资料，以熟悉和掌握调研对象的基本情况，并通过初步分析，确定开展调研的重点和主题。

做好准备，实地调查。根据不同的调查方法，采取不同的准备工作。比如，采用访谈方法就要有访谈提纲或访谈表格，以便有针对性地全面了解和掌握情况。现代信息化手段发展迅速，调研也可以运用媒体、网络、问卷等间接手段进行，但这只是辅助。对于领导干部来说，实地调研是主要方式，要走出机关门、走进百姓家，向人民群众学习，获取规律性认识。

汇总资料，分析研究。在拥有大量资料的基础上，以一定的理论或思想为指导，进行认真的汇总分析，去粗取精、去伪存真。

形成报告，得出结论。没有调研报告的产生，就无法体现调研的目的，无法反映调研的结果，也不可能发挥调研报告所具有的指导作用。

调研要取得高质量效果，还要注意增强蹲点的针对性。越是奔着问题去，问题越聚焦，调研就越深入。比如，要总结推广一个典型，就要考虑典型的普遍价值，即哪些是别人可以学而且学得会的。还要对方针政策的适用性、方针政策在现有条件下能否得到落实、落实后有什么效果等问题进行针对性调研。

总之，蹲点的目的性越强、针对性越强，调查研究的效果就越好、质量就越高。

蹲点调研既要务虚又要务实

习近平总书记强调："当县委书记一定要跑遍所有的村，当地（市）委书记一定要跑遍所有的乡镇，当省委书记一定要跑遍所有的县市区。"这就要求地方各级领导干部要沉到基层，吃透下情，对所管辖范围的情况有一个客观真实的了解。

蹲点调研是一种信号，基层干部群众能够直接看到领导干部亲民爱民、与群众打成一片的好作风，感受到领导干部解决实际问题的决心，从而拉近干群的情感距离和心理距离，使得群众更容易说真话，而不是只是说客气话或者见外话。一位干部在"蹲点札记"上说："集体经济靠什么？把村里情况问了个底朝天。这些天踏看田间地头，夜访农户，一天下来收获多多。过去老讲'解剖麻雀'，在信息化时代依然是管用的。真正蹲下来，把点上情况搞明白，指导工作才有底气！"基层风景多，需要解决的具体问题也多，走马观花啥也看不出来。沉下去，带着对群众的感情，身临其境感受群众所思所盼，才能做点事情。

在某地进行的一次蹲点调研中，工作人员发现一户贫困夫妻都有严重的腿疾，唯一的儿子智力也有问题，生活不能自理。在聊天中，他们谈及自己想去看病，可之前没参加新农合，家里又没钱，不敢去医院。调研组成员经过反复核实确定，按照当年的新政策，所有贫困户均可免费参加新农合。当工作人员通过手机调出他们一家的新农合医保档案，并告诉他们去医院看病可以按规定给报销时，他们笑得合不拢嘴。这也说明蹲点调研解决具体问题，领导干部就能更好地取信于民。

党的十八大以来，一些地方开展作风整顿，不少干部驻村蹲点后感慨地说："在老家拉家常与在办公室接待群众来访不一样，睡在农家硬板床上考虑问题与坐在办公室沙发上考虑问题不一样，能够发现平时在办公室看不到、听不到的问题，学到在办公室学不到的新思想、新话语，拿出在办公室想不到的新思路、新举措。"群众的思想最鲜活、语言最生动。深入群众，我们的文件、讲话、文章就可以有的放矢，让群众愿意看、看得懂，愿意听、听得进。

蹲点调研，也要注重总结典型经验。可以从先进典型中总结经验，也可以从落后典型中解析问题，还可以从中间典型中了解一般动态。检验领导干部蹲点调研的成效，一方面要善于总结取得成效的经验典型，供其他地方参考；另一方面要敢于叫停不符合政策的行动和方案，并及时调整和完善决策部署。将经过充分研究、比较成熟的调研成果，及时转化为推动工作的具体措施。

（摘编自中央纪委国家监委网站2021年10月12日）

詹金灿

湖北省人大常委会研究室副主任

"四不两直"做好调研工作

2023年4月,习近平总书记在学习贯彻习近平新时代中国特色社会主义思想主题教育工作会议上发表重要讲话,强调要大兴调查研究之风,运用党的创新理论研究新情况、解决新问题。中共中央办公厅印发的《关于在全党大兴调查研究的工作方案》,对新时代新征程大兴调查研究之风的总体要求、调研内容、方法步骤等作出了明确部署。面对中国之问、世界之问、人民之问、时代之问,我们必须增强调查研究本领,运用好"四不两直"等调研方法，着力提高调查研究实效，推动各项工作取得新进展。

一、跟着习近平总书记学调查研究，践行调研工作"五原则"

习近平总书记指出："调查研究是谋事之基、成事之道。没有调查，就没有发言权，更没有决策权。"调查研究历来是我们党的传家宝，是做好各项工作的基本功。党的十八大以来，以习近平同志为核心的党中央高度重视调查研究，中央政治局出台的八项规定，把"改进调查研究"摆在第一位。习近平总书记在一系列讲话和文章中，深入阐释了调查研究的意义、内涵、要求、方法等，形成了系统的调查研究思想。这些思想，是做好调研工作的行动指南。

——跟着习近平总书记学调查研究，首要是必须坚持群众路线。习近平总书记指出："开展调查研究就是走群众路线。""一切为了群众，一切依靠群众，从群众中来，到群众中去，把党的正确主张变为群众的自觉行动"，是我们党的群众路线，这是党的性质宗旨的集中体现，是马克思主义群众观点的集中体现。"党的理论是来自人民、为了人民、造福人民的理论，人民的创造性实践是理论创新的不竭源泉。"只有通过深入群众的调查研究，"真正把群众面临的问题发现出来，把群众的意见反映上来，把群众创造的经验总结出来"，才能获得正确反映客观规律的真理性认识，才能制定出符合客观规律的科学决策；也只有使这种真理性认识和科学决策为群众所掌握，才能"把党的正确主张变为群众的自觉行动"，从而实现改造世界的最终目的。

——跟着习近平总书记学调查研究，必须坚持实事求是的工作作风。习近平总书记指出，"实事求是是我们党的思想路线的重要内容"，"要了解实际，就要掌握调查研究这个基本功"。"一切从实际出发，理论联系实际，实事求是，在实践中检验真理和发展真理"，是我们党的思想路线，这是用中国化的语言对马克思主义世界观和方法论的高度概括，是马克思主义认识论的集中体现。我们要坚守党性原则，一切从实际出发，理论联系实际，紧扣发展实际和阶段性特征，听真话、察实情，坚持真理、修正错误，坚持有一是一、有二是二，既报喜又报忧，不唯书、不唯上、只唯实。

——跟着习近平总书记学调查研究，必须坚持问题导向。习近平总书记指出："问题是事物矛盾的表现形式，我们强调增强问题意识、坚持问题导向，就是承认矛盾的普遍性、客观性，就是要善于把认识和化解矛盾作为打开工作局面的突破口。"为推动长江经济带发展，习近平总书记先后到重庆、两湖、江苏等地调研，三次召开专题座谈会；为推动东北全方位振兴，先后到东北调研七次，两次召开专题座谈会；为推动黄河流域生态保护和高质量发展，先后到河南张庄、甘肃以及河南郑州考察调研并召开专题座谈会。调查研究是一个推动工作的过程，必须坚持问题导向，把问题意识贯穿于调查研究工作的全过程，真发现问题、发现真问题，真解决问题、解决真问题。问题是时代的口号、时代的声音，每个时代总有属于它自己的问题。毛泽东曾形象地说："调查就像'十月怀胎'，解决问题就像'一朝分娩'。调查就是解决问题。"这就要求我们必须把解决实际问题作为调查研究的出发点和落脚点。我们增强问题意识，敢于正视问题、善于发现问题，以解决问题为根本目的，聚焦制约经济社会高质量发展的重点难点问题，真正把情况摸清、把问题找准、把对策提实，不断提出真正解决问题的新思路新办法。

——跟着习近平总书记学调查研究，必须坚持系统观念。从1990年4月到1992年5月，习近平同志在福州任职期间，有三分之二以上的时间都在基层调查研究、思考酝酿。福州市把每年3月定为调查研究月，大兴调研之风，推动科学决策。习近平同志带领广大干部"拜实践为师，拜群众为师"，用了半年时间通过万人答卷、千人调研、百人论证，几经商榷、十易其稿，制定出台了《福州市20年经济社会发展战略设想》，科学谋划了福州3年、8年、20年的发展目标。这就是人们熟知的"3820"战略工程。系统观念是辩证唯物主义的重要认识论和方法论，是具有基础性的思想和工作方法。系统观念要求我们从整体上、全局上观察事物，全面地而不是片面地、系统地而不是零散地、普遍联系地而不是单一孤立地分析问题。深入实际、深入基层、深入群众调查了解情况，把握好全局和局部、当前和长远、宏观和微观、主要矛盾和次要矛盾、特殊和一般的关系，前瞻性思考、全局性谋划、整体性推进各项事业。

——跟着习近平总书记学调查研究，必须发扬"四不两直"的工作方法。习近平总书记强调："弘扬党的光荣传统和优良作风，促进党员干部特别是领导干部带头深入调查研究，扑下身子干实事、谋实招、求实效。""既到工作局面好和先进的地方去总结经验，又到群众意见多的地方去，到工作做得差的地方去，到困难较多、情况复杂、矛盾尖锐的地方去。"中央办公厅印发《关于在全党大兴调查研究的工作方案》，倡导不发通知、不打招呼、不听汇报、不用陪同接待，直奔基层、直插现场。信息社会，领导干部接触基层的方法虽然多了，但"指尖"代替不了"脚尖"，"平板"代替不了"脚板"，"键对键"代替不了"面对面"，"有事问百度"代替不了"有事问百姓"。我们要摒弃华而不实的形式主义，杜绝敷衍塞责的官僚做派，不搞走马观花、蜻蜓点水的假把式，不当空谈义理、指点江山的文秀才。要力求调查研究的科学性和实效性，精准把脉，刨根问底，掌握真实、丰富、生动的第一手材料。要全身心投入，确保天线信号饱满、工作务实高效。

二、紧贴时代特征做好调查研究，把握调研工作的"方法论"

1.注重实地调研摸实情。要注重采用召开座谈会、一对一访谈、实地和蹲点调研、体验式调研等工作方法，善于从实践中发现问题，深入基层"耳闻"、沉到一线"目睹"、走进现场"心领"、投身实际"神会"，以此来获取宝贵的第一手资料。在召开座谈会时，参会人员要有代表性，提前设置好议题，会上营造畅所欲言的氛围，引导交流碰撞、相互启发。在一对一访谈时，可以面对面深度交谈，投入情感，说心里话，建立信任。在实地和蹲点调研时，要一竿子插到底，带着问题、带着感情沉下去，学会"刨根问底"，以第一视角体验群众"急难愁盼"的问题，掌握第一手鲜活材料。比如，中央组织部30余名同志组成10个调研小组，利用15天时间分赴湖北等10省份的10个村蹲点调研，了解村班子运行情况和村情村貌。住房和城乡建设部青年干部在北京、上海等五省市实地调研走访80个居民小区或公共充电站，深挖充电难问题的根源。

2.善用信息化手段。要善于发挥微信群互动、问卷调查、大数据分析、网上征求意见等信息化手段的作用，善于听取不同群体的声音，广泛开展调研，这样才能取真经、学实招。在问卷调查时，对调研做整体谋划，充分考虑各方关切，反映对工作的全方位思考。2022年，湖北省人大常委会在长江保护法执法检查中面向社会公众，发放法律知识调查问卷12000余份，把学法普法融入执法检查全过程。可以充分借助网络平台，走好网上群众路线，了解群众所思所愿，收集好想法好建议。比如，大数据分析，可以多渠道收集海量数据，抓取有效信息，运用信息化技术手段精准"画像"。

3. 注重借用专业化力量。要发挥专家咨询、第三方机构、智库等方面的作用，既了解国内外的宏观情况，也要了解本地的具体情况；既要了解政策性、经济性问题，也要了解行业性、技术性问题；既要了解普遍性问题，也要了解特殊性问题。如专家咨询——多向专家请教，邀请专家指导，为调查研究提供更加专业化的意见。财政部青年干部在调研过程中，广泛听取专家意见建议，包括来自37家科研单位的6名院士、188名一线科研人员和企业管理人员等。如委托第三方机构——借助第三方力量，委托专业机构，发挥专业优势。2019年，湖北省人大常委会在开展水污染防治"一法一条例"执法检查中，首次引入第三方评估，邀请中科院水生生物研究所5名院士参与评估。如跨部门联合调研——与有关部门、机构、基层单位等开展联合调研，克服本位主义，从全局出发研究问题，共克难关。

4. 注重选用多种调研手段。努力做研究员、当内行人，力争看得懂、会分析、能判断。如案例分析，研究剖析典型案例，好的差的都要有，从个别到一般，归纳共性，总结经验，发现规律。如文献查询，吸收借鉴已有实践和理论研究成果，避免重复研究，少走弯路。国家发展改革委青年干部在关于产业工人的调研中，梳理近10年来学术界对产业工人的研究成果和媒体的相关报道。应急管理部青年干部针对社区防灾减灾救灾能力建设，研究分析1万余份全国综合减灾示范社区申报资料。如信访办理和分析——通过信访渠道、求助热线等了解群众诉求，并在为群众解决实际问题中做进一步调研。还可以学习借鉴国际经验，培养国际视野，多渠道了解掌握相关领域其他国家的规则做法，积极借鉴有益经验为我所用。也可以采用试点先行等方式，通过试点，解剖麻雀，发现并解决问题，总结提炼成功经验。湖北省人大常委会机关与咸宁市及崇阳县人大常委会联合开展共同缔造试点，积极探索共谋共建共管共评共享的方法和机制，指导崇阳白霓镇油市村开展试点，发动村民一起商量、一起帮工、一起出点子，建成乡村会客厅、代表联络中心、美丽休闲乡村等近10个项目，推动全过程人民民主基层实践与共同缔造融合发展。

三、聚焦难点起草好调研报告，在求新、求变、出成果上做文章

一份高质量的调研报告，必须把握好"调查是基础、研究是关键、报告是重点"这三大要领。成功的调研报告，其对策建议的归宿是进决策、进报告、进文件、进实践。

（一）把握调研报告的六种类型。（1）决策参考型调研报告。主要是针对某一领域重点工作，如战略问题型、重大问题型、热点问题型、苗头问题型、典型问题型，提出有针对性的谋略方案，供领导决策参考。这一类型调研报告，要重视苗头性倾向，提出前瞻性方案，重在决策参考的价值。（2）工作建议型调研报告。根据实际工作需要进行调研，将所获得的材料和所形成的意见建议写成的报告，为预测决策、制定政策、处理问题等提供参考。（3）经验典型型调研报告。主要是介绍典型做法，推广工作经验，重在典型的独特性与鲜活性。（4）专题调研报告。这是工作中常见的调研报告类型。就是侧重某个问题进行较深入的调研后形成的报告。它能及时揭露现实生活中的主要矛盾，反映群众比较集中的意见要求，以及亟须解决的具体问题，根据调研结果

提出对策建议或处理意见。（5）综合调研报告。以综合调研众多对象及基本情况为内容，作全面系统反映的报告。具有全面、系统、深入和篇幅较长的特点。它与专题调研报告的主要区别在于它的综合性，使读者可以从报告中看到事物的相对完整的"鸟瞰图"。（6）理论课题型调研报告。以学术研究为目的而撰写的调研报告，通过收集、分类、整理资料，提出问题、形成结论报告。

（二）把握调研报告的三种框架结构。一般来说，调查报告的内容，从结构上看大体有：标题、导语、概况介绍、资料统计、理性分析、总结和结论或对策、建议，以及所附的材料等，由此形成的调查报告结构，就包括标题、导语、正文、结尾和落款。调研报告的外在形式不能过于固化，要注重内容的灵活性与格式的全面性；在写作的过程中也弱化"规范性"，内容框架更加多样化，需注意不要过于死板，学会灵活结合材料共同表达核心内容。

调研报告的框架，可采取先总后分、先分后总多种形式，灵活使用横式结构、纵式结构、纵横交叉结构等写作方法。横式结构，即把调查的内容，加以综合分析，紧紧围绕主旨，按照不同的类别分别归纳成几个问题来写。典型经验性质调研报告的格式，一般多采用这样的结构。这种调研报告形式观点鲜明，中心突出，使人一目了然。纵式结构可以按调查事件的起因、发展和先后次序进行叙述，或者按成绩、原因、结论层层递进的方式安排结构。一般综合性质的调研报告多采用这种形式。综合式结构兼有纵式和横式两种特点，互相穿插配合，组织安排材料。调研报告的主体部分不论采取什么结构方式，都应该做到先后有序，主次分明，详略得当，联系紧密，层层深入，为更好地表达主题服务。

（三）把握调研报告的"四个研究重点"。写好调研报告重在系统分析问题。调查研究务求发现问题、分析问题、解决问题。必须对调查材料去粗取精、去伪存真、由此及彼、由表及里开展综合分析，找到问题存在的普遍性、发现事情发生的必然性。把调研到手的零散的东西系统化，把感性的东西理性化，把表面的东西本质化，进而揭示出事物的本质和规律。主要方法是"三看三性"。第一种方法是站在上面向下看，看方向对不对，把握方向性。就是用马克思主义的基本原理、党的基本路线和方针政策及上级的有关规定，衡量所调研的情况、经验和问题是否符合党、国家的方针政策和指示精神。第二种方法是站在外面向里面看，强调工作的创新性。就是要看到事物发展的新规律、新内容、新发现。第三种方法是站在全局向局部看，看有没有指导性。只有经过深刻透彻的综合分析，才能写出有质量、有指导意义、有实用价值的调研报告。

一是领导关注的重点。好的调研报告要提供深入了解的情况，便于领导聚焦重点看问题；分析深度思考的问题，便于领导拓宽思维作决策；提出重点推进的举措，便于领导部署工作抓落实。二是决策落实的难点。应及时真实地反映各级领导干部特别是基层工作者在执行决策部署过程中遇到的问题，这也是有关部门和领导会格外关注的调研成果。三是值得推广的亮点。要关注工作实践中有推广价值的典型案例、成功经验和发展成效，做好总结提炼，以便及时推广，以点带面促进工作。四是尚未暴露的盲点。主要是指尚未被人们了解发现但又可能影响经济建设和社会发展的苗头性、倾向性问题。如2017年8月，湖北省人大信访部门收到群众来信举报100多封，群众集中反映武汉市涉众型金融不稳定问题，包括金融公司非法集资、实体公司非法融资诈骗、校园贷、高利贷，以及有关部门对金融问题处置不力、部分政府机关和工作人员不作为或乱作为、企业法人代表利用职务之便谋求不当利益等。信访办工作人员据此写成调研报告，进行原因分析，提出对策建议，得到领导批示肯定。

（四）把握调研报告谋篇布局的五个写作特点。调研报告的形成，需要经历以下六个主要步骤：听取意见，收集材料；归纳整理，确定观点；提炼主题，安排结构；撰写提纲、整合材料；形成初稿、反复修改；报送领导，修改完善。起草调研报告要把握主题、贯穿主线、突出重点，做到观点鲜明、论据准确、结构严谨、条理分明、文风朴实、简洁凝练，具有说服力和感染力。

一是提炼主题要新。文章的主题要正确、集中、深刻、新颖、鲜明。特别要突出一个"新"字，要有新思想，新观点。在"新"字上下功夫，就要努力做到"七新"——报告的主题新、选用的材料新、概括的观点新、总结的经验新、提出的要求新、探索的规律新、给人的启迪新。切中时弊的，如《当前全省人大工作和建设中突出问题和解决建议》；揭示隐藏在现象背后的关键问题的，如《当前社会组织的调查及思考》；通过总体分析指出事物发展方向的，如《租赁式住房改革是今后城市住房改革的必然方向》；指出初露苗头的新事物的，如《新型金融诈骗亟须引起高度重视》。

《长江禁捕:"还江于鱼"带来的三大难题——以长江大省湖北为例的调查与思考》,是一篇获得湖北省委重大调研课题一等奖的文稿。从调研的选题、内容、问题、建议等方面都给人很多启迪。这篇文章的主要框架是:第一部分提出破解长江之病,首先要正视"人鱼争江"诸问题,才能实现"还江于鱼"新愿景。重点分析了"污染病",即种种工农业生产和城市生活污水的污染;"工程病",即种种未经科学论证的涉水工程;"梗阻病",即种种原因造成的江湖水系连通间阻隔;"航运病",即种种航运方式尤其是排放不合格的运输方式造成的不利影响;"滥捕病",即种种形式的酷渔滥捕破坏长江鱼类资源。第二部分分析长江禁捕须着力解决好"三大难题"。一个难题是"人",即退捕渔民安置;第二个难题是"鱼",即水生生物保护;第三个难题是"水",即水生态环境治理。并提出四条初步的设想与建议:提高政治站位,对标党中央决策部署,贯彻习近平生态文明思想,强化理论指导和思想武装;坚持依法治江,构建长江大保护的法律体系,逐步形成大保护的"长江法系";坚持"一条江一部规划",推进多规合一,逐步完善"长江规划";深化体制改革,完善长江全流域监督。

二是谋篇布局要稳。标题要富有含金量、闪光度。大标题是整个报告的灵魂，要凝练、突出亮点。小标题要逻辑严谨、提纲挈领、层次清晰。报告框架要结构合理、浑然一体。可围绕"是什么、为什么、怎么办"推进，通篇材料如何摆布、内在结构如何衔接、先后顺序如何安排，需认真排兵布阵，层层递进，做到错落有致、贯通有序。观点鲜明、逻辑严谨、表述准确、文字简练，具有说服力和感染力。如《释放"宅改"活力——宜城市农村宅基地盘活利用调研报告》，主要框架分三个部分，首先是五种模式值得关注，主要是：有偿使用型、扩能改建型、放活流转型、综合开发型、调整转用型。第二部分是几个问题应予重视，分别从农户层面看，受制于传统思维；从制度层面看，受制于供给不足；从规划层面看，受制于进度缓慢；从执行层面看，受制于治理短板；从发展层面看，受制于经济基础。第三部分是对做好"宅改"助力乡村振兴的几点建议，主要是着力保障农民切身利益，着力抓好改革政策协同，着力抓好村庄规划编制，着力提升基层治理能力，着力推进农村经济发展。整个文稿从五种模式、五个问题、五条对策着笔，层次非常清晰，一目了然。

三是选择材料要精。佐证材料要反映事物的内在本质和主要特点，要与报告的主要观点保持一致。常用的有如下五种，即选用完整的典型事例说明观点、用数字性的材料说明观点、用对比性的材料说明观点、用典型事例和综合性的材料结合起来说明观点、用群众语言说明观点。所谓比较性，就是掌握比较的方法，拿今天的情况和问题与昨天的情况和问题作比较；拿先进方法和经验与一般性的方法和经验作比较；拿本单位、本部门的工作与成就和兄弟单位的工作与成就作比较。这样一比较，也能从中找到差距，看到发展，发现特点，并从中选择需要的事例、观点和经验。

某篇调研报告中用表格方式归纳2020年我国各省份营商环境存在三大特点：层次化特征明显；各省营商环境的子环境均衡程度存在较大差异；不同区域的营商环境存在显著差异。因此，立足于以上指标体系的量化结果，各省可以对照自身得分与排名，采取针对性措施优化辖区营商环境。

四是语言表达要活。文章语言要严谨平实，描述现象言简意赅，分析问题一针见血。要学会使用群众语言和群众故事，可以直接使用群众原创的鲜活语句，增强文章的现实感和说服力。要增强报告语言的"代入感、标识度"。如《宜昌市以压倒性力度保护长江母亲河》，经验介绍的主要提纲重点写了六件事，即壮士断腕"关"、突出创新"改"、痛下决心"搬"、以质为先"转"、综合施策"治"、全面参与"绿"。六个核心观点、六条工作经验，语言特色鲜明。《从农场到餐桌打造生猪产业链》的经验提纲，重点讲三件事，生产端养好"一头猪"、市场端做好"一道菜"、价值端下好"一盘棋"。这"三个一"语言鲜活、层次清晰、重点突出。

五是对策建议要实。调研报告的重点集中体现在对策建议部分，要在做什么、怎么做上提出具体明确、切实可行的对策措施。尤其要避免"新八股"。"新八股"表现在，空洞无物，言不及义；穿靴戴帽，离题万里；脱离群众，不切实际；照抄照转，不看对象；胸无点墨，只会念稿；不学无术，让人嘲笑；满足现状，不求进取；丧失了与人沟通的基本能力。如《整治形式主义官僚主义为基层减负情况调研报告》，其基本框架如下：

一、整治工作成效明显

（一）工作责任书（状）和"一票否决"事项设置减少；

（二）督查检查考核数量频次降低；

（三）"文山会海"反弹势头有所遏制；

（四）"痕迹管理"过度的问题有所缓解。

二、"沉疴顽疾"仍然存在

（一）部分基层干部反映考核问责压力过大；

（二）部分基层干部认为收文和开会数量较多；

（三）部分基层干部反映检查重"迹"而相对轻"绩"；

（四）有些调查研究接地气解难题不够；

（五）有的部门服务群众针对性不强，工作求细做实不够。

三、几点建议

（一）统筹规范管理督查检查考核事项；

（二）健全基层干部考核方法，减轻其心理压力；

（三）严格控制发文和开会数量，切实改进文风会风；

（四）服务群众工作求细做实，提高办事效率。

这个调研报告受到群众的点赞，得到领导同志重要批示，成为当年为基层减负情况的一篇好决策参考，也获得湖北省委调研成果一等奖。

贾立政

人民日报高级编辑、
人民论坛杂志社原总编辑

互联网时代如何做好调查研究

重视调查研究工作、善用调查研究方法,是中国共产党一以贯之的优良传统。习近平总书记一贯高度重视调查研究工作,注重调查研究方法的时代性、科学性、系统性。他强调,"在运用我们党在长期实践中积累的有效方法的同时,要适应新形势新情况特别是当今社会信息网络化的特点,进一步拓展调研渠道、丰富调研手段、创新调研方式,学习、掌握和运用现代科学技术的调研方法","逐步把现代信息技术引入调研领域,提高调研的效率和科学性"。习近平总书记的这一系列重要论述,对新时期领导干部的调查研究工作提出了更高要求。如何利用互联网资源,从网络资源中了解民意,实现线上与线下的优势互补是对我党领导干部智慧的考验。因此,领导干部要重视、学会在互联网时代下开展调查研究。

互联网对调查研究的内涵及方式产生了深远影响

当前,人类社会进入了互联网时代,迅猛发展的互联网改变了人们的思想观念和生存状态,给人类的社会生活带来革命性的变化,也对调查研究产生了深远的影响。调研工作本身已经从对现实世界的调研拓展到对网络世界的调研,不再拘泥于传统亲临现场的、面对面的调研,从而大大丰富了调研的内涵。

对网络世界的调研也使得调研主体与调研客体的关系发生了转变。在互联网调研中,公众的网络实践活动本身即构成了值得调研的客体,即"你做我看",这对调研主体提出了更高的要求,即调研者不能仅从自身主观意愿出发,而要重视网络实践活动,根据调研客体的活动"轨迹"和"痕迹"进行调研,从而使得两者之间的主客关系呈现出一定程度和某种意义上的转折，这就使调研工作中的各项构成因素及其相互关系发生了极大的改变。

同时，传统调研工作一般采取提前安排、召开座谈会、发放问卷等比较正式的形式，而在网络社会，相关部门通过网民的留言板留言、网络论坛跟帖、社区交流，通过政府网站、微博、微信公众号与社会互动等多种形式掌握相关情况，特别是大数据和人工智能技术的发展使得相关部门可以从旁观者的角度进行观察和信息的搜集，在不必通知网民的情况下把握网络空间、网民活动的实际情况，从而可以不以传统的、正式调研的形式而达到调研的效果。

当前，互联网调研正以其多样化的创新手段开辟了调研工作新天地。充分利用云计算等技术，将不同的数据联合在一起可能分析得出意想不到的信息，洞察到原本看似毫不相干的事物之间的内在关联。例如，对用户访问网络的地址、时间、网络内容等数据进行关联分析，有可能获得某个地区或某个组织的活动信息。另外，互联网调研可以综合问卷调查、大数据监测，将网民的"言"与"行"综合起来观察，从片面到全面，从静态到动态，调研的方向、路径与作用得到了大幅增强。

互联网给调查研究带来了新机遇、新挑战

互联网为人们发表意见、彼此交流沟通提供了良好的平台，成为重要的舆论场，为互联网调研提供了有利条件。随着互联网技术的发展，网络社交工具这类具有较高互动和传播性的平台逐渐成为民众交流与表达意见的重要平台。特别是网络信息的开放性、自由性以及对个人真实信息的隐蔽，都使得民众能够比较顺畅地发表言论。互联网已成为不可忽视的舆论场，人们每天花费大量的时间在互联网上，这就为调查研究搭建了良好的平台，提供了丰富的素材，相关部门管理人员有时足不出户，也可以把握群众意见，这一切为互联网调研的开展创造了良好的前提条件。互联网分析技术大大增强，可以对调研过程中收集到的信息进行自动化处理，迅速得出有价值的调研结果。调研成果是调研工作的"收官"之作，是极为重要的一环。传统的调研利用人工进行信息收集和分析，效率较低且容易出错，也存在人为因素干预的可能。而互联网时代，运用大数据、云计算技术可以对搜集到的数据信息进行自动化、快捷化的整合处理，从而可以在短时间内得出更具客观性的调研结果，从而可以更好地完成一些对时效性要求较高的调研工作，这在人类社会工作、生活节奏日益加快的今天有着极大的意义。

互联网的发展为调查研究带来了巨大机遇，而一些新问题的出现，也为其发展提出了新的挑战。一些调研者和调研对象互联网参与意识缺乏，网络交流能力不足。我国的互联网基础设施建设还不够完善，从而使得互联网调研面临调研对象覆盖面不全、统计数据偏颇等问题，在一定程度上影响了调研成果的准确性、真实性。互联网虚假信息多，调研者的信息处理能力有待提高。信息网络技术对信息的精准处理、识别仍有较大不足，这就使得调研结果有可能掺杂水分，同样影响着其准确性、真实性。而一些网站系统防火墙薄弱，存在安全隐患，容易引发黑客和病毒的袭击，出现篡改数据等现象。这些都有可能使调研效果大打折扣。

互联网时代调查研究方式方法发生了革命性变革

在调研渠道上，从传统的人工调研转向利用基于互联网数据的多渠道调研。互联网技术的发展让在线收集数据信息成为可能，在线调查、网上问卷调查、发送电子邮件、社交工具互动、智能搜索、大数据抓取信息等方式，极大地拓宽了信息收集的渠道，缩短了调研的时长，大大提升了调研的便捷性、经济性和准确性。

在调研范围上，网络调研可以跨区域、跨群体进行调研，只要接受调研者能够上网就可以。调查者可以收集到来自各个地域的信息。而传统的调研往往局限于特定区域内，具有先天不足，而互联网使得跨区域、跨群体调研的大规模调研成为可能。

调研形态上，综合性调研成为重要方式。传统的调研一般是单一的语言、文字形式较多，而大数据技术具有体积巨大、类型多样、速率极高、效度较准、综合性强的优势，运用于互联网调研则可以从多渠道获取相关信息，对于相关议题，可以综合政治、经济、社会发展状况，网民论坛、微信微博言论，文字、图片、视频等各种形式，运用大数据技术对各个渠道、各种形式的信息进行系统性整合，从而形成全维立体化的调研成果。

在调研时间上，长时段调研得以实施，调研的幅度大大延展。现实社会，人们对于许多问题的观察、认识往往并非一次性调研就可以得出结论，而是需要做连续、动态的调研。互联网技术可以通过程序设置，对网络空间进行长时段、动态调研，从而使调研的连续性大大增强。

掌握新形势下互联网调查研究的主动权

加强党的领导。各级党委政府要高度重视互联网调研工作，将其提升到监督政府行为、贯彻群众路线的战略高度加以认识，将其作为提高执政能力、推进国家治理现代化和掌握意识形态工作主动权的重要抓手。要加强对新形势下调研工作的理论研究，夯实互联网调研的理论基础，通过学习、培训，提高调研本领。

强化调研保障。要加强技术研发，进一步研发大数据技术、人工智能技术等相关网络技术，为调研工作提供技术保障，运用数据进行定量分析，在纷繁复杂的现象中找出规律性的东西，透过现象看本质，得出真知灼见。同时，要大力加强网络空间治理，大力清除各类虚假错误信息，有序推进网络实名制，营造风清气正的网络空间，为互联网调研创造良好的网络环境。

提高群众觉悟。网络调研离不开群众的支持，为此需要创造生动活泼、和谐有序的网络环境，做到收放有度。通过加强宣传教育，提升群众觉悟，引导其积极配合互联网调研，提供建设性意见建议，避免发表不负责任的言论。针对错误思想，加强思想政治宣传教育工作，引导群众提高政治觉悟；同时，大胆创新，通过发放各种形式的奖励等方式调动群众参与配合互联网调研的积极性。

结合线上与线下开展调查。互联网线上的调查只是一个方面，由于网上信息繁杂，真实度也难以保证，因此线上调查要与线下调查结合起来。针对一些上了年纪或者不习惯用互联网的人群，也必须到线下开展调查。这就要求领导干部带着问题，从室内走到室外，从网络上走到网络下，从电脑前走到群众之间进行深入的调查研究。互联网的发展代替不了对现实世界的调查，只有线上与线下相结合，才能获得真实的信息，从而作出正确的决策。

加强互联网调研结果的运用。调研的成果不能束之高阁，否则就失去了调研的意义和价值。要将互联网调研结果作为重要参考，并将其纳入决策制定、执行、反馈全流程，根据对各项流程中调研结果，随时调整、修正各项决策部署，保证政策符合实际、符合民情。通过大量的调研和调研成果的应用，提高政府治理水平。

（摘编自《学习时报》2018年4月18日）